SDGsで考える日本の災害

藤岡達也 著

大修館書店

③ 風水害

ディー /Dee
苗木の妖精で，頭についた
1つの葉っぱで色々な考え
をまとめることができる。
友だちのスゥが調べた情報
を聞くことが好き。

目次

スゥ/Su
苗木の妖精で，頭についた二葉から色々な情報を集めることができる。調べた内容を友だちのディーに話すことが好き。

グー/Gu
木の実の妖精で，スゥとディーの友だち。二人が調べたり考えたり話し合ったりしている様子を，興味深く見つめている。

読者への メッセージ

SDGsで考える日本の災害
——防災・減災・復興

❓ どうしてSDGs（エスディージーズ）で日本の災害を考えるのか

　SDGs（持続可能な開発目標）は，Sustainable Development Goals の略称であり，持続可能な社会をつくるための国際的な達成目標です。持続可能な社会とは，現在を生きる人々だけでなく，未来の人々にも必要な自然や地球環境を損なわない社会のことです。つまりSDGsとは，環境と調和した科学技術の開発や社会の発展のための目標なのです。自然や地球環境は，人間に対してさまざまな恵みを与えるだけでなく，時には自然災害という深刻な被害をもたらします。日本は昔から地震や暴風雨などに襲われてきましたが，そこから防災・減災そして復興に関する教訓を得てきました。こうした自然災害への対応は持続可能な社会をつくるために必要であり，地球温暖化などの気候変動への対応にもつながります。現在のわたしたちの生活を維持しながら，世界中の人々が未来の地球上でも安全に暮らし続けられる「持続可能な社会」を築いていくために，防災・減災，復興を通して，自然や人，社会とのつながりと関わりについて学んでいきましょう。

1 SDGsと 自然災害削減への取り組み

❶SDGsと防災・減災・復興

　本シリーズで取り上げる地震・津波，火山噴火や台風による集中豪雨などは，本来**自然現象**にすぎない。自然現象が発生した場所に人間がいたり，人間生活に悪影響をおよぼしたりした時に初めて**自然災害**になる。

　日本ではこうした自然災害への対応について「防災」という言葉が用いられるが，火災などの事故災害（人災）とは異なり，自然災害（天災）は，人間がいくら努力を重ねても完全に防ぐことは難しい。自然災害につながる自然現象の発生は，先端の科学技術によっても止められず，社会が防災の体制を整えても被害はゼロにならない。つまり災害を防ぐ「防災」には限界がある。

　そこで最近は，災害を減らす「減災」という考え方も使われるようになってきた。

　国際連合（以下国連）など国際的には「Disaster Risk Reduction」が用いられ，これは「災害リスク削減」を意味する。

　もちろん「防災」であっても「減災」であっても，日常のあらゆるレベルでの備えが重要であることは変わらない。災害を拡大させな

SUSTAINABLE
DEVELOPMENT GOALS

1 貧困をなくそう	2 飢餓をゼロに	3 すべての人に健康と福祉を	4 質の高い教育をみんなに	5 ジェンダー平等を実現しよう	6 安全な水とトイレを世界中に

7 エネルギーをみんなにそしてクリーンに	8 働きがいも経済成長も	9 産業と技術革新の基盤をつくろう	10 人や国の不平等をなくそう	11 住み続けられるまちづくりを	12 つくる責任つかう責任

13 気候変動に具体的な対策を	14 海の豊かさを守ろう	15 陸の豊かさも守ろう	16 平和と公正をすべての人に	17 パートナーシップで目標を達成しよう

【図1】SDGsのゴールとロゴマーク

いためにも，迅速で組織的な取り組みや復旧に向けた活動が欠かせない。さらに災害発生前以上の地域の再生を目指す「復興」に向けての計画や，ほかの地域からの長期間にわたる継続的な支援なども必要になってくる。住居や資産などだけでなく，かけがえのない人を喪った悲しみや精神的な立ち直りなど，心に関するアフターケアも，社会全体でじゅうぶんに対応する必要がある。

こうした防災・減災・復興に必要な「しなやかな強さ」や「回復力」を，**SDGsでは「レジリエント」や「レジリエンス」❶という言葉で表現している**。防災では「自助」「共助」「公助」の言葉がよく用いられるが，基本となる「自助」の取り組みの限界が，SDGsの視点をもった地域内での「共助」へ，さらに国内外での「公助」へと広がってきた。

これからの減災・防災は，SDGsの視点

を踏まえながら，一人ひとりに何ができるかを探ることが大切なのだ。

❷SDGsのゴールに示された自然災害削減への取り組み

SDGsの17の目標＝ゴール【図1】には，達成するために具体的な課題＝ターゲットが設定されている。その中には自然災害に関するターゲットも多く含まれているので，ゴールと合わせて次ページで紹介する。

これをみると，自然災害に直接関係するゴールやターゲットだけでもさまざまなものがある。地球上のすべての人たちが生きていくために，自然環境との調和や，災害に対するレジリエンスをもつ重要性を示していることがよくわかる。

❶強靭性，復元性，たくましさなど，さまざまな日本語訳があるのでそのまま使われることが多い。

SDGs 1 貧困をなくそう：あらゆる場所のあらゆる形態の貧困を終わらせる

1.5 2030年までに，貧困層や脆弱な状況にある人々の強靱性（レジリエンス）を構築し，気候変動に関連する極端な気象現象やその他の経済，社会，環境的ショックや災害に暴露や脆弱性を軽減する。

SDGs 2 飢餓をゼロに：飢餓を終わらせ，食料安全保障および栄養改善を実現し，持続可能な農業を促進する

2.4 2030年までに，生産性を向上させ，生産量を増やし，生態系を維持し，気候変動や極端な気象現象，干ばつ，洪水およびその他の災害に対する適応能力を向上させ，漸進的に土地と土壌の質を改善させるような，持続可能な食料生産システムを確保し，強靱（レジリエント）な農業を実践する。

SDGs 11 住み続けられるまちづくりを：包摂的で安全かつ強靱（レジリエント）で持続可能な都市および人間居住を実現する

11.5 2030年までに，貧困層および脆弱な立場にある人々の保護に焦点をあてながら，水関連災害などの災害による死者や被災者数を大幅に削減し，世界の国内総生産比で直接的経済損失を大幅に減らす。

11.b 2020年までに，包含，資源効率，気候変動の緩和と適応，災害に対する強靱さ（レジリエンス）を目指す総合的政策および計画を導入・実施した都市および人間居住地の件数を大幅に増加させ，仙台防災枠組2015-2030に沿って，あらゆるレベルでの総合的なリスク管理の策定と実施を行う。

SDGs 13 気候変動に具体的な対策を：気候変動およびその影響を軽減するための緊急対策を講じる

13.1 すべての国々において，気候関連災害や自然災害に対する強靱性（レジリエンス）および適応の能力を強化する。

SDGs 15 陸の豊かさを守ろう：陸域生態系の保護，回復，持続可能な利用の推進，持続可能な森林の経営，砂漠化への対処，ならびに土地の劣化の阻止・回復および生物多様性の損失を阻止する

15.3 2030年までに，砂漠化に対処し，砂漠化，干ばつおよび洪水の影響を受けた土地などの劣化した土地と土壌を回復し，土地劣化に荷担しない世界の達成に尽力する。

各ターゲットの最初の数字はゴールの数字を，小数点以下はターゲット番号を示している。わたしたちが普段見ている短いキャッチコピーのあとの文章は英語の直訳で自然な日本語の表現としてはなじまないかもしれないが，外務省による翻訳のためそのまま使用する（下線は筆者によるもの）❷。

② 減災・復興に関する自然災害削減への取り組み

　SDGsはさまざまなゴールやターゲットが自然災害と関連しているが，実現に向けて特に注目したいのが**SDGs4「質の高い教育をみんなに」**だ。減災や復興のために，教育が必要になってくるからだ。

　ESD（Education for Sustainable Development）という教育目標❸からその必要性を考えてみよう。ESDはそれぞれの項目が独立しているのではなく，つながっている【図2】。たとえば「減災・防災」を考える時に，両隣の「海洋」と「気候変動」を無視することはできない。「海洋」は多くの資源によって人間に限りない恵みを与えているが，津波の発生（▶p.48）や台風時の高潮（▶第3巻）に

❷本文中のSDGsのゴールやターゲットについては，読みやすさを考え，日本ユニセフ協会のサイトを参考にした訳になっている。このページで示した外務省による仮訳は，国連広報センターのサイトが参考になる。

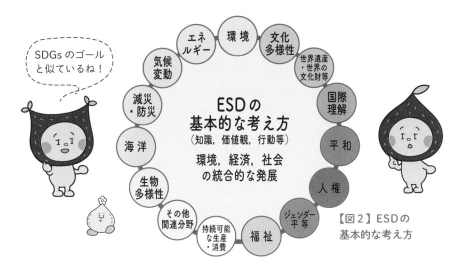

SDGs のゴールと似ているね！

ESDの
基本的な考え方
（知識，価値観，行動等）
環境，経済，社会
の統合的な発展

環境　文化多様性
エネルギー　世界遺産・世界の文化財等
気候変動　国際理解
減災・防災　平和
海洋　人権
生物多様性　ジェンダー平等
その他関連分野　福祉
持続可能な生産・消費

【図2】ESDの
基本的な考え方

ESD: Education for Sustainable Development

【6つの視点】	【7つの能力・態度】
■多様性(いろいろある)	■批判的に考える力
■相互性(関わりあっている)	■未来像を予測して計画を立てる力
■有限性(限りがある)	■多面的・総合的に考える力
■公平性(一人ひとり大切に)	■コミュニケーションを行う力
■連携性(力合わせて)	■他者と協力する力
■責任制(責任を持って)	■つながりを尊重する態度
	■進んで参加する態度

よって，沿岸部に大きな災害を繰り返しもたらしてきた。台風のエネルギーは海水温と関係しており，集中豪雨や台風は「気候変動」と関係する。東日本大震災 [2011] における福島第一原子力発電所事故などを考えると，もう1つ隣の「エネルギー」についても考える必要がある。

　こうしてみると，ESDの各項目が減災・防災につながっていることが理解できるだろう。ESDでは「**6つの視点**」を軸にして，教師や生徒が持続可能な社会づくりに関わる課題を見つけ，「**7つの能力・態度**」を身につけることをねらいとしている。これは防災・減災，復興に関しても重要な能力である。

　つまり**ESDはSDGsの基本的な理解につながり**，SDGs達成に欠かせない教育目標であるだけでなく，防災・減災教育の具体的な内容にも深く関わっているのである。

　「SDGsで考える日本の災害」シリーズは，読者がこうした能力を伸ばすために必要な情報や考えるヒント，具体的な学習課題などで構成されている。読者のみなさんが全3巻を読み，調べたり話しあったりしていく中で，減災・防災・復興のために必要な視点や，課題解決に欠かせない能力を身につけていってくれることを心から願っている。

❸日本政府が提唱した「国連持続可能な開発のための教育の10年（UN/Decade of ESD）」（2005～2014）という教育目標から始まり，2015年からの後継プログラム GAP（Global Action Plan），その後継プログラムとして「持続可能な開発のための教育：SDGs実現に向けて（ESD for 2030）」という教育目標が設定されている。

気候変動と 人間活動の関係

序 章

① 人間活動による 地球温暖化

（ちきゅうおんだんか）

SDGs11「住み続けられるまちづくりを」 をはじめ，多くのSDGsゴール（目標）達成に関わっているのが，**SDGs13「気候変動に具体的な対策を」** だ。

（たいさく）

地球温暖化に対する国際的な取り組みとして，1988年に「気候変動❶に関する政府間パネル（**IPCC**）」が設置された。2021年8月にIPCCは「**人間が地球の気候を温暖化させてきたことは疑う余地がない**」という第6次報告を公表した。この報告書で述べられている地球温暖化について紹介しよう。

（うたが）（しょうかい）

［気候の現状］

❶ 人間の影響が大気，海洋および陸域を温暖化させてきたことには疑う余地がない。大気，海洋，雪氷圏および生物圏において，広範囲かつ急速な変化が現れている。【写真1】はそのような状況を表している。

（えいきょう）（りくいき）（こうはんい）

❷ 最近の変化の規模は，数百年から数千年にわたって前例のないものである。【図1】

（きぼ）

❸ 世界中のすべての地域で，熱波，大雨，干ばつ，熱帯低気圧（台風やハリケーン）のような極端現象が起きている。

（ちいき）（ねっぱ）（かん）（きょくたん）

［将来の可能性］

（しょうらい）

❶ 世界の平均気温は少なくとも今世紀半ばまで上昇を続ける。温室効果ガス❷の排出

（なか）（じょうしょう）（はいしゅつ）

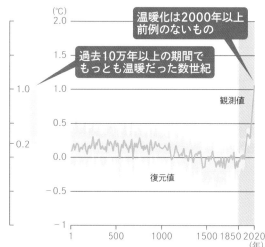

①世界平均気温（10年平均）の変化 （1850〜2020年）

温暖化は2000年以上前例のないもの

過去10万年以上の期間でもっとも温暖だった数世紀

観測値

復元値

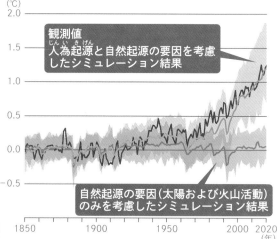

②シミュレーションされた世界平均気温（年平均）の変化 （1850〜2020年）

観測値 人為起源と自然起源の要因を考慮したシミュレーション結果

（じんいきげん）

自然起源の要因（太陽および火山活動）のみを考慮したシミュレーション結果

【図1】世界平均気温の変化

❶気温や気象パターンの長期的な変化。　　❷大気中に含まれる二酸化炭素やメタンなど。

（ふく）

1893年

2016年

スイスにある氷河は減少し続けています

【写真1】スイス・ローヌ氷河　1893年（上）と比較すると2016年（下）は氷河の面積が激減している。

が大幅に減らない限り，21世紀中に，1.5℃から2℃の地球温暖化を超える。

❷極端な高温，海洋熱波，大雨，干ばつの頻度と強度の増加，強い熱帯低気圧の割合の増加，北極域の海氷・積雪・永久凍土の縮小などが起きる。

❸世界全体の水循環が変わり，夏の降水量，降水，乾燥現象の厳しさが強くなる。

❹海と陸の炭素吸収源による大気中のCO_2削減効果は小さくなる。

❺海洋，氷床，世界海面水位の変化は，数百年から数千年にわたって不可逆的（元にもどらない）。

IPCCは，このまま対策をとらないと，早ければ2030年代半ばまでに国際社会が設定した目標値（19世紀後半より1.5℃高い地球表面温度）は突破されてしまうと指摘した。海面水位が今世紀末までに2m上昇する可能性があることも警告している。2021年11月，国連気候変動枠組条約（UNFCCC）（▶p.10）第26回締約国会議（COP26）がスコットランドのグラスゴーで開催された。日本および各国の今後の取り組みに注意しよう。

豪雨によって被害が拡大することも多いんだね

地すべり
比較的ゆるい傾斜地が大きな範囲ですべり落ちて起こる。
【前兆】
・地面にひび割れやずれができる
・井戸や沢の水が濁る
・斜面から水が噴き出す

地すべり区域
特別警戒区域（最大で60m）
警戒区域

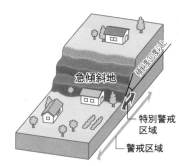

崖くずれ
長雨が続いて地中に含まれる水の量が限度をこえると地盤がゆるんで発生する。
【前兆】
・斜面からの水が濁る
・斜面がひび割れる
・小石が落ちてくる
・地下水や湧き水が止まる

急傾斜地
傾斜度30度以上
特別警戒区域
警戒区域

【図2】日本で起きるおもな土砂災害の種類

② SDGs13を構成するターゲット

気候変動とそれにともなう水害関連への対応については，SDGsの各ゴールの中にも数多く記されている。特にSDGs13「気候変動に具体的な対策を」を構成するターゲットや指標でくわしく取り上げられている。

まず，SDGs13を構成する5つのターゲットを以下に紹介しよう。

SDGs13.1「気候に関する災害や自然災害が起きた時に，対応したり立ち直ったりできるような力を，すべての国で備える」

SDGs13.2「気候変動への対応を，それぞれの国が，国の政策や，戦略，計画に入れる」

SDGs13.3「気候変動が起きるスピードをゆるめたり，気候変動の影響に備えたり，影響を減らしたり，早くから警戒するための，教育や啓発をより良いものにし，人や組織の能力を高める」

SDGs13.a「開発途上国が，誰にでもわかるような形で，気候変動のスピードをゆるめるための行動をとれるように，UNFCCCで先進国が約束した通り，

2020年までに，協力してあらゆるところから年間1,000億ドルを集めて使えるようにする。また，できるだけ早く「緑の気候基金」を本格的に立ち上げる」

SDGs13.b「もっとも開発が遅れている国や小さな島国で，女性や若者，地方，社会から取り残されているコミュニティに重点を置きながら，気候変動に関する効果的な計画を立てたり管理したりする能力を向上させるしくみづくりを進める」

SDGs13.aに出てきた「UNFCCC」とは，「国連気候変動枠組条約」のこと。正式名称は，「気候変動に関する国際連合枠組条約（United Nations Framework Convention on Climate Change）」。1992年6月にブラジル・リオデジャネイロで開催された国連環境開発会議（地球サミット）で採択された条約だ。大気中の温室効果ガス濃度の安定化を最終的な目標とし，気候変動がもたらす悪影響を防止するための国際的な枠組である。

③ 氷期と間氷期

1つ理解しておく必要があることは，気候変動は人間活動によるものだけではない，

❷ミランコビッチサイクルと呼ばれている。

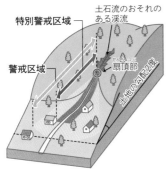

特別警戒区域
警戒区域
土石流のおそれの
ある渓流
扇頂部
土地の勾配2度

土石流

山や谷の土砂が大雨などでくずれ，水と混ざって一気に流れ下る。
【前兆】
・山鳴りがする
・川が濁ったり流水がある
・雨が降り続いているのに川の水が下がる。

ということだ。地球の温度はさまざまな自然の要因で変化してきており，現在より高い気温の時代と低い気温の時代が存在している。

特にこの70万年の間には，氷河が大規模に発達する**氷期**と，あまり発達しない**間氷期**が繰り返されている。セルビア人の地球物理学者ミランコビッチによると，この繰り返しには原因別に2.3万年，4.1万年，10万年周期の3つがあり，地球の公転軌道の揺らぎによる日射量の変化が大きく関わっている。

現在の地球は間氷期だ。いまから一万数千年前の最終氷期のあと，人類の活動は進化した。気温が上がって人間活動が活発になり，現在につながっている。

④ 日本における風水害

第1巻と第2巻では，日本列島の大きな特色として，4枚のプレートが関係しあう地殻変動帯に位置するため，地震活動や火山活動が世界からみてもいちじるしいことを紹介してきた。この地震や火山噴火に加え，温帯モンスーンに位置する日本列島では，**風水害**の甚大な被害も毎年発生している。第3巻では，気候変動との関わりを考えながら，日

本における風水害への取り組みについて紹介していく。

風水害は，おもに**気象災害**と**土砂災害**に分けることができる。気象災害は，**暴風**，**竜巻**，**豪雨**，**洪水**，**高潮**，**豪雪**など。土砂災害は，**崖くずれ**，**地すべり**，**土石流**などである。

近年では，台風や前線の発達による**集中豪雨**が目立つようになっている。その結果としての河川の氾濫や，溢水（水があふれること）による深刻な被害が毎年発生している。

日本の都市部が発展している沖積平野では，浸水による被害は原因別に分けられる。1つ目は，堤防が破堤したり，大量の河川水が土手などを乗り越えたりして起きる「**外水被害**」。2つ目は，本流の水位が高くなって支流が本流に流れなかったり，下水道が機能しなかったりして，生活範囲に浸水被害が広がる「**内水被害**」だ。

山間部や丘陵地などでは，豪雨などによる斜面崩壊で土砂災害が発生することも多い。その最たるものが**土石流**である。また豪雨がなくても，地下水などの関係で崖くずれや地すべりなども頻繁に発生している。それぞれのメカニズムを【図2】に示した。なぜこうした現象が起きるのかを理解して，災害に備えておくことが重要だ。

気候変動によって，地表や海水の温度が上がると，上昇気流が発生しやすくなる。これが今後の風水害の発生や拡大にどのような影響を与えていくのかを明確に予測することは困難だ。だからこそ，前兆を見逃さず，対策を考えていかなければならない課題でもあるといえるだろう。

課題解決への一歩として，気候変動と風水害について，この本を通して学びを深めていこう。

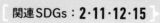

1 古代文化を築いた稲作農業

1 稲作がもたらした変化

いわゆる世界の4大文明（エジプト文明・メソポタミア文明・インダス文明・中国文明）は，それぞれナイル川，チグリス・ユーフラテス川，ガンジス川，黄河の**河川流域**に築かれたことがよく知られている。定期的な洪水が水とともに土砂や有機物も運搬し，これらが肥沃な土地をつくってきたからだ。「エジプトはナイルの賜物」という言葉がそれをよく表している。**SDGs15「陸の豊かさも守ろう」**の視点から考えると，人々が求める土地活用はこの時代にまでさかのぼる。

日本では，一万数千年以上にわたって**縄文文化**が続いた後，西日本から少しずつ**弥生文化**に置き換わった。狩猟・採集が中心だった時代の生活基盤は**丘陵地**に築かれることが多く，縄文時代の国宝として有名な火焔土器は，信濃川中流域の河岸段丘❶から出土している。それが弥生時代に入ると一変する。大陸から伝わった水稲農業が広まると，稲は生育に多量の水を必要とするため，生活や活動の基盤は下流部の河川流域に近づいていく。

地形を変化させる**川の三作用**（侵食・運搬・堆積）によって上流から土砂がもたらされ，利水がしやすく平らで農地にしやすい**沖積平野**が発達したことも好条件だった。稲作農業が盛んになるにつれ，人々は河口周辺に定住する。そして**水害**に遭遇するようになる。

SDGs11「住み続けられるまちづくりを」というゴールから日本の歴史を見た時，弥生時代は1つのターニングポイントになっている。日本列島における人間活動と，利水・治水を中心とした河川環境との深い関係は，稲作から始まったといえるだろう。

2 利水によって豊かになった土地

稲作の伝来は食料確保の安定性をもたらした。**SDGs2「飢餓をゼロに」**は，まさに稲作農業に期待されたことを言い換えたものだろう。稲作が広がると，大規模集団による生産が始まる。コメは貯蔵が可能なため食料供給が安定し，人々が獲物を求めて移動する必要はなくなり，定住化が進んだ。**ムラ**の成立である【写真1】。

3 洪水によって埋められたムラ

河川の堆積作用によって生活空間の流域が沖積平野へと広がっていくと，集中豪雨などによる洪水の被害を人間が受けるようにもなる。人がそこに存在することで，**自然現象が自然災害になる**からだ。大阪府にある河内平野の遺跡群では，洪水の土砂によって埋められた住居が存在するムラが発掘されている。

❶河川の相対的沈降によって河川にそって形成された段状の地形。

❷中国の歴史書である『後漢書』の「東夷伝」や『三国志』のいわゆる「魏志倭人伝」の部分などに記載がある。

【写真1】復元された弥生時代の住居（滋賀県野洲市）

銅鐸は青銅製の祭りの道具といわれています

1.35m

【写真2】日本最大の銅鐸のレプリカ

大規模な治水技術をもたない当時の人たちにとって，祈ることも水害対策であった。河川付近には埋められた**鉄剣**や，**銅鐸**【写真2】が埋葬されていた**祭祀遺跡**跡などが見つかっている。

④ 水をめぐる争いと「倭国大乱」

人間が立ち向かったのは，治水という自然相手との闘いだけではなかった。稲作によってコメの貯えが可能となると，豊かなムラとそうでないムラが誕生するようになった。利水をめぐって河川の上流のムラと下流のムラが争ったり，ムラが生き残るためにほかのムラを襲撃したりするなど，**人間同士の争い**が生まれるようになったのだ。縄文時代よりも豊かになった弥生時代以降，ムラが拡大し，地域集団といえるクニが成立するにつれ戦争が激増している。例えば中国の古文書❷には「倭国大いに乱れ」と，当時の日本列島内で

クニどうしが争っていたことが記され，弥生時代の遺跡からは殺傷されたと思われる人骨も見つかっている。

農業を振興させるためには，道具が必要である。弥生時代には大陸から鉄器も伝わり，道具の発展に大きな貢献があった。木材をさまざまに加工した鉄製農工具の普及で，農業技術は大きく発展した。その一方で，こうした最新の道具は戦闘にも使用されたと考えられている。農業の生産性が高く豊かな地域は人口が増え，武器や鉄器なども多く備えた地域となる。その力で周辺を統率する「首長」が出現すると，地域集団同士の争いが繰り返され，いくつかの集団を併合した首長が「支配者」としての性格を強め，小国が確立していくようになっていく。

開発された道具の二面性については，**SDGs12「つくる責任　つかう責任」**というゴールを通して，「持続可能な生産消費形態を確保する」ということについて考えてみる必要があるだろう。

？ 比べて考えてみよう

自分たちの地域で，縄文時代の遺跡の分布と弥生時代の遺跡の分布を比べてみよう。さらに，古環境（当時の河川や水域など）も調べて，遺跡の分布の違いについて理由を考えてみよう。

山と川がポイントになりそう

河川流域と
人間活動

水害常襲地から
日本のコメどころへ

日本海

可動堰

大河津分水路

洗堰

下流
（新潟方面）

上流
（長野方面）

信濃川

【写真1】大河津分水：洪水時は可動堰によって上流からの水を分水路に流す。

関屋分水路

新潟市
中央区

新潟市
東区

新潟市南区

新潟市西区

新潟市
秋葉区

中ノ口川

信濃川

新潟市
西蒲区

燕市

田上町

弥彦村

加茂市

大河津分水

三条市

【図1】1892（明治29）年の氾濫区域

① 水害常襲地と河川改修

地球が誕生してから現在にいたるまで，地表面はさまざまに変化し，これからも変化し続けていく。**SDGs11「住み続けられるまちづくりを」**の達成は容易ではない。

地表面の変化をもたらす自然災害にはさまざまなものがあるが，その1つが水害だ。日本列島では沖積平野が発達し大都市が築かれた太平洋側だけでなく，日本海側でも**水害**との戦いは深刻だった。

コメどころである新潟県❶を例に，水害とその対策の歴史をみていこう。日本海側では

強風の影響もあり，海岸地帯に**砂堆**❷が存在する。この砂堆によって河川は海へスムーズに流れ込むことができず，河川流域に湿地帯や湖沼を多く形成することになる。そのため，豪雨などによって上流から多量の水が流れると，河川の氾濫が起こりやすくなり，農業に悪影響を与えた。そこで江戸時代以降は，内陸部の水を日本海側に流すために**人工放水路**をつくることが試みられてきた。この放水路建設と土地改良によって，湿田が良好な田んぼに変わっていくようになる。

しかし，近代になっても甚大な水害は発生し続けた。日本一長い信濃川下流域の宿命と

❶収穫量は全国第1位（2020）。

❷波や沿岸流によって運ばれた砂礫（砂や小石）が堆積してできた地形。

❸日本では特に豪雪地帯対策特別措置法にもとづき指定された地域を指す。

もいえる。水害解決に大きな役割を果たしたのが**大河津分水**【写真1】だ。大河津分水の歴史は、亨保年間［1716-1736］の幕府への請願から始まる。ようやく工事が始まったのは、約200年後の1907（明治40）年で、通水したのは15年後の1922（大正12）年という大工事だった。

大河津分水の建設には、当時の最先端の技術が導入された。平常時には、新潟方面へ生活用水や灌漑用水として必要な水量（270㎥/s）を流出し、洪水時には、上流からの洪水を可動堰からすべて日本海に流すしくみになっている。2019（令和元）年10月に大規模な洪水があり、もし大河津分水が設置されていなければ、信濃川の下流域では洪水が発生するなどし、砂堆の内側の広範囲に深刻な被害が出ていたと考えられている【図1】。

現在の越後平野はコメどころとして知られているが、長い時間をかけた河川改修によってもたらされたものであり、その歴史は決して新しいものではない。**SDGs9「産業と技術革新の基盤をつくろう」**が感じられる。

② 豪雪地帯ならではの課題と恩恵

日本海側のもう1つの大きな特色は、【図2】のように**豪雪地帯❸**が広がっていることである。なぜ、このような豪雪地帯が存在するのだろう。しくみはこうだ。シベリア大陸からの冷たい北西季節風があたたかい日本海を通ると、大量の水蒸気を吸収することになる。これが上昇すると冷やされ水滴となる

【図2】日本の豪雪地帯

凡例：特別豪雪地帯／豪雪地帯

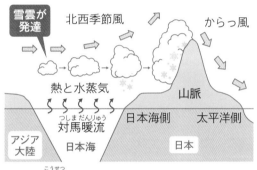

【図3】降雪のしくみ

雪雲が発達／北西季節風／からっ風／熱と水蒸気／山脈／対馬暖流／日本海側／太平洋側／アジア大陸／日本海／日本

が、氷点下では固体となる。日本海側の陸地に北西季節風が達して山脈などに衝突し、雪が降るのだ【図3】。

豪雪地帯では、気温が上昇する**融雪期**に雪崩や地すべりが発生することが多い。融雪期では、春先の降雨や急な気温上昇によって古い雪と新しい雪がいっしょに地面を削りながら崩れ落ちる**全層雪崩**や**雪崩地すべり**などが発生しやすくなる（▶p.44）。

その一方、雪解け水が田植え時の水として利用されることも多い。この水によって、新潟では良質のコメがつくられている。

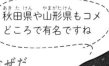

秋田県や山形県もコメどころで有名ですね

考えてみよう

厳しい自然環境にもかかわらず、日本海側にコメどころが多いのはなぜだろう。SDGs2をはじめとするゴールと関連させて考えてみよう。

3 水害対策とまちづくり

1 日本最初の堤防

弥生時代以降，日本列島では河川流域を中心に集落が形成されてきた。稲作に必要な水の利用，つまり**利水**に便利だったからだが，水の恵みを受ける一方で課題になったのが河川の氾濫だ。被害を防ぐ**治水**の1つとして堤防が建設された。日本最初の堤防といわれているのが大阪の門真市にある「伝・茨田堤」だ【写真1】。日本最大の古墳で有名な仁徳天皇によってつくられたとされ，『日本書紀』にその記述がある。淀川の洪水から集落を守るためのものだと推定されているが，いまだくわしいことはわかっていない。

2 中世の治水

鎌倉時代の軍記物語『平家物語』には，白河天皇［1053-1129］が自分の思い通りにならないものとして「賀茂川の氾濫」をあげている❶。強大な権力者でもどうにもできない

ものの1つが水害だったわけだ。中世に入ると本格的な堤防をつくることが試みられるようになった。しかし当時の技術では強固な堤防の建設には限度があっただけではなく，上流からの土砂が堤防の中に閉じ込められ，その結果川底（河床）が上昇し，地面より高い所を流れる**天井川**となってしまった。天井川では堤防が壊れる（破堤）と，あふれた水が自然に河川に戻ることは困難だ。

3 戦国時代の治水

「水を治めるものは国を治める」といわれる。この考えの原点は，中国古代の春秋時代［紀元前770〜紀元前476］にあり，いつの時代でもどの国においても，権力者にとって利水・治水は重要な課題だったことがわかる。戦国時代の治水では，甲斐の国（現在の山梨県）の武将・武田信玄がおこなったものが有名だ。武田氏の領地内にある富士川は，南アルプスを起源とし，甲府盆地に入ると御勅使

【写真1】史跡 伝・茨田堤（門真市）

【写真2】文禄堤の跡（守口市）

❶「賀茂川の水，双六の賽，山法師，是ぞわが心にかなはぬもの」という記述があり，「賀茂川の氾濫，双六のサイコロの目，延暦寺の僧兵」を指す。「天下三不如意」として知られる。

いまでも残って
いるんですね

【図1】霞堤のしくみ

通常時

洪水時

洪水後

【写真3】いまも残る明智藪・光秀堤（京都府福知山市）

川が合流して釜無川と呼ばれ，最終的には笛吹川が合流して海まで流れていく。この富士川で頻繁に起きる洪水を止めるため，上流からの激流を硬い岩石に当たるようにして流れを弱めたり，「信玄堤」と呼ばれる霞堤を築いたりといった，当時の最新技術による治水工事がおこなわれた。この治水法は江戸時代になると「甲州流河除法」と称され，我が国における治水技術の始まりといわれている。

霞堤とは，堤防の一定区間ごとに開口部を設けた不連続な堤防のことだ【図1】。洪水時には開口部から川の外側に水を逃がして水をため（湛水），下流に流れる洪水の流量を減少させる。水が引いていくと，外側にたまった水が自然と川に戻るしくみになっている。

豊臣秀吉も，淀川からまちを守るために「文禄堤」をつくった。この堤防は，京都から大阪城までを短時間でつなぐ道路「京街道」の一部にもなり，いまもその跡を歩くことができる【写真2】。明智光秀も福知山の城下町を守るため，治水に取り組んだ【写真3】。

❹ 人間にとって不可欠な水

水は農林業，畜産業などあらゆる産業に必要だが，特に飲料水の確保は人間が生きていく上で不可欠だ。**SDGs6「安全な水とトイレを世界中に」**は，はるか昔から続く課題だ。現代の日本はこの課題をほとんどクリアしているといえるが，世界をみるとまだまだ安全な水の確保には程遠い。化学物質などによる水質汚濁という点では，有史以前や古代のほうが安全だったかもしれず，文明が進むほど安心して河川から飲料水を得ることが難しくなっていくのかもしれない。

? 調べてみよう

近代の治水技術が導入される前にも，地域の河川にあったさまざまな取り組みがされ，現在まで伝承されていることが多い。地域でみられるそうした取り組みについて調べてみよう。

図書館にはまちの歴史をまとめた本があるよ

17

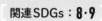

関連SDGs：8・9

河川流域と
人間活動

4 大都市の脆弱性
<ruby>脆弱性<rt>ぜいじゃくせい</rt></ruby>

吹き出した砂

揺れによって
地盤が液体化して
砂が吹き出して
きたんだね

【写真1】液状化現象による噴砂の跡（東京都港区，2011）

1 日本の大都市の課題

　日本の都市は，約1万年前からの**完新世❶**以降に形成された沖積平野に立地していることが多い。山間地や丘陵地，盆地などに比べ形成時期が新しく，河口周辺にたまる河川堆積物などからできた平野なので海にも近い。

　沖積平野に人口・資産が集中することは，利水や産業におけるメリットが大きい反面，地盤が弱くさまざまな災害を受けやすい自然環境にあるというデメリットもある。**SDGs 8「働きがいも　経済成長も」**を実現する舞台としての都市は，防災に関して真剣な取り組みが必要なのだ。

2 軟弱地盤と地震

　沖積平野で地震が発生すると，地盤が新しいために震度が大きくなることが多い。地下水位の高い沿岸部や干拓地・埋立地などでは，激しい揺れによって**液状化現象【写真1】**が生じやすい。地盤沈下が発生したり，狭い範囲の建物の中でも**不等沈下❷**や，**抜け上がり❸**を生じたりすることがある。

3 高潮による被害

　沖積平野の湾岸部では，台風時の**高潮**の被害も想定される。高潮とは，台風や発達した

❶最終氷期が終わる約1万年前から現在までの，地質時代として最も新しい区分に属する。沖積世ともいう。　❷建築物の基礎部分や建物全体が傾いて沈下すること。　❸建物などの基礎部分などが地面よりも高くなること。　❹わたしたちの生活を支えている基本的なものや安心・安全に暮らしていくためになくてはならない施設。

低気圧が通過する時，海の潮位が大きく上昇することだ。台風や低気圧の中心では気圧が周辺より低いため，気圧の高い周辺の空気は海水を押し下げ，中心付近の空気が海水を吸い上げるように作用することで海面が上昇する（**吸い上げ効果**）【図1】。

台風や低気圧に伴う強い風が沖から海岸に向かって吹くと，海水は海岸に吹き寄せられ，海岸付近の海面が上昇する。また，遠浅の海や，風が吹いてくる方向に開いた湾の場合，地形が海面上昇を増大させるように働き，潮位が高くなる（**吹き寄せ効果**）【図1】。満潮と高潮が重なると，潮位が一層上昇して大きな災害が発生しやすくなるので注意が必要だ。

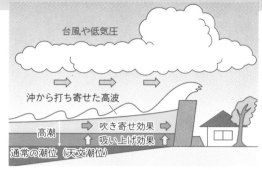

【図1】吸い上げ効果と吹き寄せ効果

津波注意
【図2】
津波標識

【写真2】津波避難タワー

④ 津波による被害

津波の標識には，高潮のような図が用いられることがあるが【図2】，これはわかりやすく示されただけで，津波と高潮のメカニズムとその被害はまったく異なる。高潮となる**波浪**は海面の表面だけの動きだが，津波は海底から海面までの海水全体の動きとなる。高潮の波長は短いが，津波の波長は長いのも大きな違いといえる【図3】。

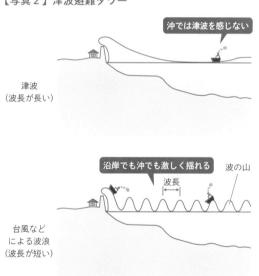

沖では津波を感じない

津波
（波長が長い）

沿岸でも沖でも激しく揺れる

波長

波の山

台風など
による波浪
（波長が短い）

【図3】高潮と津波の違い

⑤ 災害に備えた インフラ整備

南海トラフ型の地震（▶第1巻参照）が予想される海岸部では，**津波避難タワー**の設置などの対策が進んでいる【写真2】。東日本大震災によって津波の恐ろしさが多くの人に共有されたことによるものだが，これは**SDGs9**「**産業と技術革新の基盤をつくろう**」が掲げ

る「災害に強いインフラ④構築」の1つでもある。大都市には人口や資産が集中しているだけに，こうしたインフラの構築に加え，電気・ガス・水道などのライフラインの**レジリエンス**も求められている。

第1巻では「避難丘」
が出てきました

？ 調べてみよう

沖積平野に立地する大都市における，高潮や津波への対策にはどんなものがあるだろう。

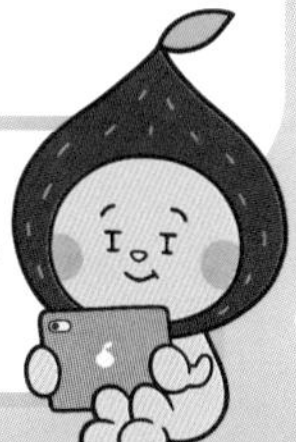

解説

河川流域と
人間活動

気象と水害の関係

理科で学んだことを
思い出しましょう

1 世界の都市の降水量と日本各地の降水量

SDGs13.1「気候に関する災害や自然災害が起きた時に，対応したり立ち直ったりできるような力を，すべての国で備える」というターゲット達成のためには，まず，気象の特色を理解しておくことが必要だ。

わたしたちは毎日のように「気候変動」や「異常気象」という言葉を見聞きしているが，一体何が「変動」して「異常」なのだろう。改めて考えてみるために，いまの気象・気候から理解していこう。

まず，東京・ニューヨーク・パリという大都市の月ごとの気温と降水量をみてみると，日本は先進諸国の中でも，年間を通して降水量の多い国であることがよくわかる【図1】。近年，ヨーロッパでも集中豪雨とそれにともなう洪水が起きているが，降水量自体は日本の通常量にすぎないことも多い。

季節風（モンスーン）は海から多量の水分を吸収し，それを日本列島で放出するため，日本は年中湿度が高く降水量が多い。夏は30℃以上の高温の日が続き，冬は比較的寒

【図1】東京・ニューヨーク・パリの年間降水量と気温[1]

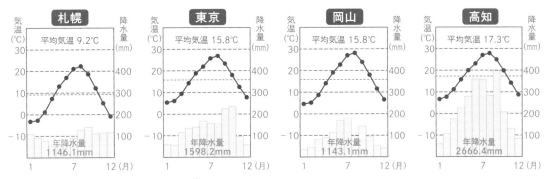

【図2】日本の都市別年間降水量と気温❶

札幌	東京	岡山	高知
平均気温 9.2℃	平均気温 15.8℃	平均気温 15.8℃	平均気温 17.3℃
年降水量 1146.1mm	年降水量 1598.2mm	年降水量 1143.1mm	年降水量 2666.4mm

冷で，気温の年較差が大きいのも特徴だ。

　日本列島は中緯度に位置するが，南北に細長く伸びており，気候・気象・海洋・地形・地質・植生などのさまざまな自然環境は複雑である。太平洋や日本海に面した地域と瀬戸内海のような内海地域，さらに海には接しない地域もあって，場所によって環境は大きく異なり，降水量にも差が生じる【図2】。

　四季の区別が明確な日本列島では，季節によっても降水量は異なり，降雪の影響から冬に降水量が多くなる地域もある。世界の国々の降水量と比べても，日本列島はどの都市も比較的降水量が多いことがわかるだろう。この降水量の多さが日本の歴史や文化を築いてきたともいえる。安定した降雨量は，日本における稲作農業の導入とその後の発展に貢献した。湿度の高さは，家屋の造りや衣服に影響を与えた。

　日本に限らず，東アジアから東南アジアにかけて稲作農業が広がっている地域と降水量の多さは密接な関わりがあり，それは自然災害の発生にもつながっている。**自然災害による犠牲者の90％以上がアジアに集中**しているが，稲作農業を主体とする地域に頻繁に生じる水害の影響が大きいことが，原因の1つとされている。

② 降水のメカニズム

　雨はどうやって発生するのだろう。降水は上昇気流の発生から始まる。地表付近の空気塊があたためられると，気体は膨張し密度が小さくなり，周囲の空気より軽くなって上昇を始める。さらに上昇していくと周辺の温度は低下して**飽和水蒸気量**（一定量の空気中に存在できる水蒸気の量）が小さくなり，空気塊中の水蒸気量はその温度の飽和水蒸気量に等しくなり，水滴が生じ始める【図3】。つま

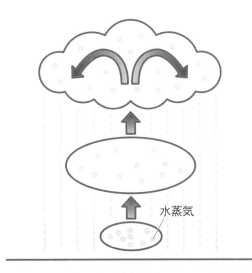

水蒸気

【図3】空気塊の上昇と雨の発生

❶ 1991〜2020年の30年間の平均値である「平年値」を示したもの。

	雨	霰 あられ	雹 ひょう	霙 みぞれ
	⬤	◯	◯	⬤ ❄ 雨 雪
直径	2mm	5mm 未満	5mm 以上	

【図4】水滴の大きさによる分類

とうもろこしが
根元から折れ
ちゃってるね

【写真1】雹害を受けた農作物

り，空気塊の温度が下がると，一部の水蒸気は凝結して水滴となる。この時の温度を「露点温度」と呼ぶ。

　一言で説明すると，空気が上昇し，露点が下がることによって水滴が発生し，雲ができるという流れだ。雲の中の上昇気流が強いと，水滴の発生が増え，雨滴となって降水となる。これが「雨が降る」メカニズムだ。

　地面の温度と上空の温度差が大きいほど空気塊の上昇速度は上がるので，急激な積乱雲が生じて短時間に多量の降水が発生する。これが「**局地的大雨**」や「**短時間強雨**」といわれ，俗に「ゲリラ豪雨」と呼ばれるものだ。

　降雪のメカニズムも同じで，水滴が氷晶となって地上に落下するのが雪である。気温が0℃以上の時が雨，0℃以下の時に雪となる。雪と似たものに**雹**と**霰**があるが，この2つの違いは粒の大きさで，直径5mm以上の氷の粒を雹，直径5mm未満の粒を霰と区別している【図4】。雹は直径数cmの大きな塊がかなりの速度で落ちてくるので，大きな被害が生じることもある（雹害）。住宅や自動車を壊したり，農作物に穴をあけたりするほか，直撃すると人命を危うくすることすらある【写真1】。

③ 4つの気団と2つの前線

　日本列島周辺には4つの**気団**が存在する。シベリア気団，オホーツク気団，小笠原気団，揚子江（長江）気団だ。気団とは，高気圧が一定の地域にとどまることで地面や海面の気温や湿度の影響を受け，広範囲にわたって気温や水蒸気量がほぼ一様な空気の塊になったもので，4つの気団はそれぞれシベリア高気圧，オホーツク海高気圧，北太平洋高気圧，偏西風によって移動する移動性高気圧という高気圧によって生まれている【表1】。

　このほか，熱帯高気圧である台風の原因となる**熱帯気団**も，南から日本に接近することがある。これらの気団が日本の気候や気象に大きな影響を与え，四季を生み出している。

　日本列島上空では，北からオホーツク海高気圧（冷たく湿った寒気団）と南からの北太平洋高気圧（あたたかく湿った暖気団）が張り出し前線をつくる。この前線が**梅雨前線**と呼ばれ，梅雨の原因となる【図5】。2つの気団は勢力がほぼ同じであるため，5月から7月にかけて停滞前線ができ，梅雨前線付近では帯状の雲が広がり，雨の多い天気が続く。

【表1】気団の種類

気団名	気団を生み出す高気圧	特徴
シベリア気団	シベリア高気圧	冬に発達する大陸性の気団。冷たく乾燥した空気。
オホーツク気団	オホーツク海高気圧	梅雨や秋雨のころに発達する海洋性の気団。冷たく湿った空気。
小笠原気団	北太平洋高気圧	夏に発達する海洋性の気団。あたたかく湿った空気。
揚子江気団	移動性高気圧	春や秋に発達する大陸性の気団。あたたかく乾燥した空気。

前線は本州を横切って位置するため、北海道には梅雨は存在しない。前線は夏前に北上することもあるが、北太平洋高気圧が勢力を増してオホーツク海高気圧は消滅し、北海道に到達する前に消える。

2017年7月、九州北部で豪雨による死者・行方不明者が40名をこえる大きな被害が発生した。梅雨の末期には前線が形成され、自然災害につながる自然現象が起こりやすくなる。大気の下層では、太平洋側から高温多湿の気流が流れ込み、上空には北西から冷たい乾いた空気が流れ込んでいるため、大気が不安定になって積乱雲が次から次へと発達し、豪雨が生じたのだ。

秋にも梅雨前線が生じるのと同じ理由で、**秋雨前線**が発生し、長雨が続くことがある。夏の間は北太平洋高気圧の勢いが優勢で、日本列島が高気圧に覆われて暑く晴天の日が続くが、秋になって北太平洋高気圧の勢いが弱まると、オホーツク海高気圧との間に停滞前線が生じ、雨の降りやすい日が続くようになる。

秋雨前線がなくなると、高気圧と低気圧が交互に日本列島を通過する。北太平洋高気圧が弱まり、夏の間は北上できなかった台風が日本列島に接近することが増えるのも秋の特徴である。前線が発達している時に台風が通過すると、降水量が増え大きな被害につながる。

台風や前線の影響で集中豪雨が発生し、短時間に降水量が増加すると、河川の破堤や溢水などが生じる。山間部では崖くずれ・斜面崩壊や土石流、地すべりなどの土砂災害により甚大な被害が発生する可能性が高まる。

季節ごとの天気の変化の原因を知っておくことで、起こりうる災害についても予測ができ、備えることができるだろう。

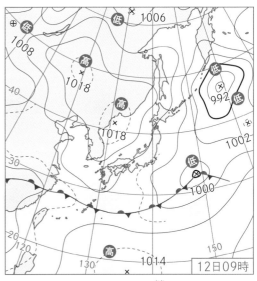

【図5】梅雨前線：日本列島を覆う高気圧と南側の高気圧の間に梅雨前線が発達している。

コラム 地形改変と自然環境への影響(かんきょう)(えいきょう)

【図1】男鹿半島の歴史

陸繋砂州(さす)

陸繋島(りくけいとう)

男鹿半島(おが)

陸繋砂州

八郎潟(はちろうがた)

干拓地

大潟村

男鹿半島

八郎潟にある日本一低い山の高さは約3.7メートル。トラックの高さと同じくらいなんだって！

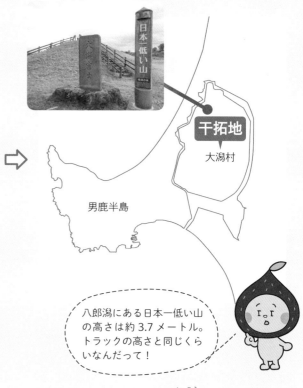

1 農地の拡大を求めて(かくだい)

　はるか昔から，人々は地形改変を試みてきた。その代表的な例が農地の拡大で，理由は食料問題の解決だ。SDGs 2「飢餓をゼロに」(きが)という視点は，先史時代からすでにあったといえる。

　日本でもさまざまな農地拡大がおこなわれてきた。技術や経済社会が発展した江戸時代(けいざいしゃかい)(はってん)(えどじだい)には，遠浅の海や干潟❶などの水を抜いたり，(とおあさ)(ひがた)(ぬ)干上がらせたりして陸地にする「干拓地」が(ひ)(かんたくち)各地につくられた。九州北西部に位置する有明海の干拓は，当時の日本でもっとも規模が(あけかい)(あり)

大きい工事とされ，近代以降もさらに大規模(いこう)な開発が続いていった。

　日本における戦後最大規模の干拓事業は，秋田県の八郎潟である。日本海に面する男鹿(はちろうがた)(おが)半島はかつて島だったが，陸側の南北それぞ(さす)れから砂州❷が発達し，これらが島とつながって陸繋島となった【図1】。やがて砂州に(りくけいとう)囲まれた部分が淡水湖となり，「八郎潟」と(たんすいこ)(はちろうがた)呼ばれるようになる。この湖は琵琶湖に次ぐ(びわこ)日本で二番目の広さだったが，1957（昭和32）年から20年以上かけて干拓され，170km²の面積をもつ大潟村という新たな村が誕生(おおがたむら)(たんじょう)することになった。

❶干潮時に干上がり，満潮時には海面下に没する海ぞいの湿地帯。潮干狩りなどがおこなわれる。(かんちょう)(じ)(ぼっ)(しっちたい)(しおひが)
❷海岸に運ばれた砂が沿岸流に流されてできる堆積地形。(すな)(えんがんりゅう)(たいせき)

【写真1】ポートアイランドの液状化現象（1995）

【写真2】空港との連絡橋に衝突した船（2018）

2 ゼロメートル地帯のリスク

　干拓地のほとんどは海水面よりも海抜❸が低い「**ゼロメートル地帯**」である。もともと海底や湖底だったところを陸地にしているためだ。都市部でも，近代に入ると工業用水として地下水が大規模に汲み上げられたために，地盤の粘土層が収縮して地盤沈下が生じ，ゼロメートル地帯が生まれた。大阪市はゼロメートル地帯が多く，1934年の室戸台風（▶p.28）で高潮が発生した際は，海や川に流れることができない河川水などと，押し寄せる海水の影響で大阪城付近まで浸水した記録が残っている❹。急激な水位の上昇に避難が間にあわず，大阪湾周辺だけで1,900名以上の犠牲者が生じてしまったという。

3 陸地化のリスク

　海洋域を陸地化することは現代でも継続的に取り組まれている。農業用地確保のための干拓だけでなく，埋め立てによる**人工島**の建設も進められてきた。日本にある人工島の1つ，兵庫県神戸市のポートアイランドは風光明媚な観光地だが，阪神淡路大震災の時に液状化などによって大きな被害が生じた【写真1】。大阪湾にある関西国際空港は，沖合に人工島をつくって建設された空港だが，2018年には台風21号の影響で連絡橋に船が衝突し，約3,000人の旅客や従業員が取り残されてしまった【写真2】。東京湾や大阪湾など，大都市は湾岸部の地形改変が著しく，過去の姿がわかりにくい。災害時の影響を考え，その土地がどのような成り立ちなのかをおさえておく必要があるだろう。

4 自然環境と人間活動とのバランス

　陸地化し，水域が激減することは従来の生態系を破壊することにもつながる。例えば先述の有明海の諫早湾干拓事業では，1997年4月に湾の西半分を「潮受け堤防」❺で閉め切ったことが，有明海全体に深刻な漁業被害をもたらす原因となった。熱帯や亜熱帯の入江・河口付近などには淡水と海水が混じりあう「汽水域」があり，そこに生育するマングローブ林の保全や回復も大きな課題だ。世界をみるとマングローブ林が減少し，貴重な生態系が失われていく傾向にある。こうした教訓を踏まえて，これからの地形改変は**SDGs14「海の豊かさを守ろう」**の視点で考えていく必要があるだろう。

❸平均海水面からの高さ。陸地の高さや飛行高度などを表わす時に用いる。標高。国土地理院による高さの基準は，標高が東京湾平均海面，海抜が近隣の海面となっている。❹最大瞬間風速60m/sという強風だった。❺干拓地などを海水から守るために設けられる堤防。

暴風・
集中豪雨と
社会への
影響

1 地域に繰り返し発生する風水害

❶ 終戦直後の日本を襲った台風

　日本には，第二次世界大戦によって大きな被害を受け，復興に取り組み始めた矢先に甚大な自然災害に見舞われた地域も多い。その1つの例として，終戦直後の1945（昭和20）年9月に起きた「枕崎台風」の猛威を忘れてはならないだろう。

　1945年の台風第16号は，9月17日に鹿児島県枕崎市付近に上陸したことから「枕崎台風」と呼ばれている。戦争が終わった約1か月後のことである。台風は北東に進み，九州，四国，近畿，北陸，東北地方を通過して三陸沖へ進んだ【図1】。人的被害は全国で死者2,473人，行方不明者1,283人，負傷者2,452人にものぼった。宮崎県細島で最大風速51.3m/s，枕崎で40.0m/s，広島で30.2m/sを観測するなど凄まじい暴風が列島を襲い，住宅家屋の損壊も89,839棟と記録されている。

　九州・中国地方だけでなく，栃木県日光市や三重県尾鷲市などでも，18日にかけての期間降水量が200mmをこえたところがあった。終戦直後で気象情報が少なく，防災体制が不十分であったことも大きな被害につながったといえる。

　広島県では死者・行方不明者が2,000人をこえる深刻な被害が発生した。もともと土砂災害が起きやすい地域だったが，特に広島市は8月6日の原爆投下だけでなく，戦時中

9月17日夜
広島付近を通過

9月18日6:00
970hPa

9月17日午後2時ごろ
鹿児島県枕崎市付近に上陸
916.1hPa

9月17日6:00
910hPa

日本を縦断していったことがよくわかります

【図1】枕崎台風の進路図：写真は広島市の大野陸軍病院。200人以上が犠牲になった。

❶堰堤とはダムの一種。▶p.43

【写真1】土砂災害の様子（呉市，2018）

【写真2】災害に備えてつくられた砂防堰堤❶（広島市，2020）

に何度も空襲を受け，土地が荒廃していたことも犠牲者が増えた原因である【図1の写真】。

SDGs11.5には「2030年までに，貧しい人々や，特に弱い立場にある人々を守ることを特に考えて，水害などの災害によって命を失う人や被害を受ける人の数を大きく減らす。世界の国内総生産（GDP）に対して災害が直接もたらす経済的な損害を大きく減らす」と記されている。先進国である現在の日本に住んでいると，開発途上国のことは遠い存在で想像がつきにくいかもしれない。しかし，第二次世界大戦後の日本はまさに開発途上国に近い状況だったことを考えると，ほかの国のことに無関心ではいられないだろう。

2 近年の広島を2度襲った土砂災害

2014（平成26）年8月20日，広島市北部に位置する安佐北区や安佐南区の住宅地で大規模な土砂災害が発生した。災害による直接死は74名，その後災害関連死3名が加わり犠牲者は77名にもなった。この数は，過去30年間の日本における土砂災害の人的被害として最多だった。災害の原因の1つとなった豪雨は，気象庁により「平成26年8月豪雨」

と命名されている。

その4年後，2018年7月5日から8日にかけて，停滞した梅雨前線の影響により西日本から東海地方で記録的な豪雨が発生した。広島県では7月6日に大雨特別警報が発表されたが最大の人的被害が生じ，死亡・行方不明者数は114名だった【写真2】。全国でも232名が死亡・行方不明となる甚大な被害となり，のちに「平成30年7月豪雨」と名づけられた。

3 避難所としての学校

大規模な災害の発生が予想される時には，自治体から住民へ避難が呼びかけられるが，学校や公民館などに避難所が設置されることが多い。日本の学校のほとんどは鉄筋コンクリートで建設されており，建物自体は頑丈である。しかし，河川の近くだったり，湿地帯に建てられていたりする場合も少なくない。

避難所までの経路で被災することも考えられるため，大雨が降ってからの移動は必ずしも適切とはいえない。深夜など周囲の状況がわかりにくい時間帯も関係する。場合によっては建物の2階以上に避難する「垂直避難」という方法があることを知っておこう。

❓ 読んで話しあってみよう

枕崎台風を題材にした柳田邦男『空白の天気図』（1975）を読んで，感想を話しあってみよう。

暴風・集中豪雨と社会への影響

大型台風の襲来と教訓

❶ "最大エネルギー" 室戸台風

　日本の観測史上最強・最大を記録した上陸台風が「**室戸台風**」である❶。1934（昭和9）年9月21日高知県室戸岬付近に上陸し，京阪神地方を中心としてとてつもない被害をもたらした。記録的な最低気圧・最大瞬間風速が観測され❷，高潮被害や強風による建物の倒壊によって，死者・行方不明者は約3,000人となった。

　近畿地方では校舎が倒壊するなど，子どもたちにも多数の犠牲者が出た。特に大阪市内の小学校249校のうち，古い木造校舎を使用していた176校の約480棟が全壊・半壊・大破した。被災を免れたのは鉄筋コンクリート造りか，1928年以降に建築された耐震型最新式木造校舎の66校だけだった❸。

　台風が最大風速に達したのは，登校時刻の午前8時前後であり，強風が直撃した木造校舎は一瞬にして倒壊した。校舎内にいた児童や職員，迎えに来た保護者に多くの犠牲者を出し，大阪市内の小学校内における死者は合計267名（職員7名・用務員2名・児童251名・保護者7名），重軽傷者は1,571名にものぼった。校外における死者は18名，重軽傷者が610名という数字から，校舎倒壊による死傷者の多さがわかる。これを機に，事故や災害で亡くなった児童生徒や教職員を慰霊する「教育塔」が大阪城公園に建てられた。

　この悲劇を**SDGs4.a**「**子どものこと，障がいや男女の差などをよく考えて，学校の施設を作ったり，直したりし，すべての人に，安全で，暴力のない，誰も取り残されないような学習のための環境を届ける**」と照らしあわせ，開発途上国の学校建設の教訓としたい。

　なお，室戸台風，枕崎台風（▶p.26），そして次に述べる伊勢湾台風は「昭和の三大台風」と呼ばれている。

❷ "近代最大級" 伊勢湾台風

　1959年9月26日夕刻に紀伊半島先端に上陸した台風第15号による死者・行方不明者数は5,098名におよび，明治以降最多となった。この「**伊勢湾台風**」による犠牲者は32道府県にもわたっているが，80％以上が愛知・三重の2県に集中している。【図1】からは，いかに浸水が広範囲であったか理解できても，原因はわかりにくいかもしれない。

　理由の1つが**高潮**（▶p.18）だ。台風によって伊勢湾奥部に過去最高潮位❹を1m近く上回る観測史上最大の3.89mの高潮が発生し，日本最大のゼロメートル地帯に来襲したことがあげられる。一帯は防災対策が不十分のまま市街地化しており，住民が地域の危険性をじゅうぶんに理解していなかったことに加

---

❶台風の正式な統計は1951（昭和26）年から開始されたため，室戸台風は参考記録あつかいとされている。

❷室戸台風の際に観測された最低海面気圧911.6hPaは当時の記録として最も低い海面気圧だった。枕崎で観測された916.1hPaはそれに次ぐ数値。

❸建築基準法の「耐風性」は2000（平成12）年に改正されるまで，速度圧の基準が高さ15mにおける室戸台風の最大瞬間風速約63m/秒を基準に定められていた。

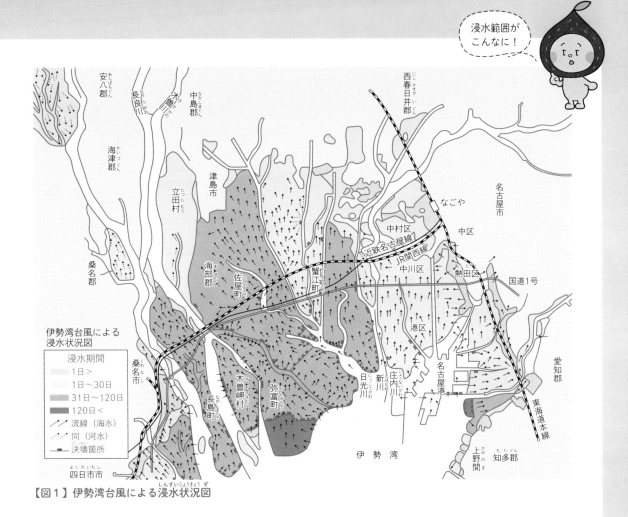

浸水範囲がこんなに！

【図1】伊勢湾台風による浸水状況図

え，高潮が発生したのは夜間だったことなどが重なり，甚大な被害となった。

こうした被害が高潮対策を大きく進展させ，のちの「災害対策基本法」制定につながった。伊勢湾台風は，今日の我が国の防災対策の大きな転換点になったともいえる。

③ 災害対策基本法の制定

伊勢湾台風から2年後の1961年10月に「災害対策基本法」が制定された。防災の概念と国の責務を明確にしたこの法律にもとづいてつくられたのが「防災基本計画」だ。内閣総理大臣が指定した機関は，法律によって災害発生時にそれぞれの仕事における責任を果たす義務を負っており，指定公共機関の「防災業務計画」や地方自治体の「地域防災計画」はこの防災計画をもとにしている。**SDGs 13.1**では，「**10万人当たりの災害による死者数，行方不明者数，直接的負傷者数**」の指標が示されており，各国の防災計画で参考にされている。

❓ 調べてみよう

法律はインターネットで全文が公開されているんだって

災害対策基本法は，阪神淡路大震災や東日本大震災など，大きな自然災害が発生するたびに改正されてきた。災害の教訓は法律にどのように反映され，災害への対応が進んできたのだろう。

❹当時は「既往最高潮位」と呼ばれていたが，現在はこのような名称になっている。

暴風・集中豪雨と社会への影響

大雨特別警報

① 特別警報の運用

SDGs11「住み続けられるまちづくりを」，SDGs13「気候変動に具体的な対策を」というゴールを達成するためには，地域に発生する可能性の高い気象災害に関する情報の収集と分析が必要になる❶。

日本では，自然災害につながりそうな自然現象の発生が予想される時，気象庁が「**注意報**」や「**警報**」を発表し，住民に注意を呼びかけてきた。東日本大震災発生後の2013（平成25）年からは「**特別警報**」の運用が開始されている。これは「ただちに命を守るための行動」「少しでも助かる可能性がある行動」を求める警報だ。大災害につながる可能性が

あり，数十年に1度のレベルの気象現象が予想される場合に発表される。

特別警報の運用が開始されてからの発表状況を見てみよう【表1】。種類としては大雨が最も多い。そして平成でも令和に入っても，特別警報は毎年発表されていることがわかる。「数十年に1度のレベル」との矛盾を感じるかもしれないが，これは「**数十年に1度の規模の自然現象が毎年日本のどこかで発生している**」からだ。もちろん同じ場所に警報が発表されることもあり，今年「特別警報」が発表されたから翌年は発表されないということはない。鹿児島県では3年連続，沖縄県では大雨特別警報が解除された5時間後に再び同じ特別警報が発表されたことすらある。

【表1】特別警報の発表状況

発表年月	自然現象名	特別警報種類	対象地域
平成25年 9月	台風第18号	大雨	京都府, 滋賀県, 福井県
平成26年 7月	台風第8号	暴風,波浪高潮,大雨	沖縄県
平成26年 8月	台風第11号	大雨	三重県
平成26年 9月	(低気圧)	大雨	北海道(石狩,空知,後志地方)
平成27年9月関東・東北豪雨			
平成27年 9月	台風第18・17号	大雨	栃木県,茨城県,宮城県
平成27年10月	口永良部島の噴火	噴火	(鹿児島県)
平成28年 4月	熊本地震	地震	熊本県
平成28年10月	台風第18号	暴風,波浪高潮,大雨	沖縄県
平成29年 7月	梅雨前線	大雨	島根県
平成29年九州北部豪雨			
平成29年 7月	梅雨前線	大雨	福岡県,大分県

発表年月	自然現象名	特別警報種類	対象地域
平成30年7月豪雨			
平成30年 7月	梅雨前線	大雨	兵庫県,京都府,岐阜県愛媛県,高知県,福岡県佐賀県,長崎県,広島県岡山県,鳥取県
令和元年 7月	台風第5号	大雨	長崎県
令和元年 8月	秋雨前線	大雨	佐賀県,福岡県,長崎県
令和元年東日本台風			
令和元年10月	台風第19号	大雨	静岡県,神奈川県東京都,埼玉県,群馬県山梨県,長野県
令和元年10月	台風第19号	大雨	茨城県,栃木県,新潟県福島県,宮城県
令和元年10月	台風第19号	大雨	岩手県
令和2年7月豪雨			
令和2年 7月	梅雨前線	大雨	鹿児島県,熊本県
令和2年 7月	梅雨前線	大雨	福岡県,佐賀県,長崎県
令和2年 7月	梅雨前線	大雨	岐阜県,長野県
令和3年 7月	梅雨前線	大雨	鹿児島県,宮崎県,熊本県
令和4年 9月	台風第14号	暴風,波浪高潮	鹿児島県
令和4年 9月	台風第14号	大雨	宮崎県

＊ ◯◯◯ は気象庁が名称を定めた気象現象。

❶災害は発生前後のインターネットなどのアクセスとも関連しており，SDGs17.8「2017年までに，最も開発が遅れている国々が，科学技術イノベーションに関する能力を高められるしくみや，技術バンクが完全に運用されるようにし，特に情報通信技術（インターネットなど）をはじめ，さまざまなことを実現できる技術をより使えるようにすすめる」というターゲットもある。

2週間後には全線で運転再開されたんだよ

【写真1】東日本台風で水没した北陸新幹線（長野市）

② 大雨特別警報が出た台風・豪雨

「大雨特別警報」が発表された豪雨の1つが**西日本豪雨**（平成30年7月豪雨）だ（▶p.28）。2018（平成30）年6月28日から7月8日にかけて，西日本を中心に北海道や中部地方も含む広い範囲で発生した集中豪雨である。台風第7号および梅雨前線などの影響によるもので，11府県で大雨特別警報が発表された。この豪雨により，西日本の多くの地域で河川の氾濫や浸水害，土砂災害が発生し，死者数が200人をこえる大きな災害となった。

2019（令和元）年10月6日にマリアナ諸島の東海上で発生した**東日本台風**でも，13都県で大雨特別警報が発表された。12日に日本に上陸したこの台風による死者・行方不明者は107名にものぼった。政府が被害に対して台風としては初めての激甚災害や特定非常災害の指定をおこなったことからも，被害の大きさがうかがえる【写真1】。

この台風は大型で非常に強い勢力だったため，上陸前から大量の水蒸気が日本上空に流れ込み続け，各地の地形効果により雨雲が発達した。台風接近前には寒気が南下したため，関東甲信から福島県付近に局地的な前線が発生し，台風による南からの空気の流れによって強化され，平野部も含めて大雨となった。台風は発生初期に海面水温30℃以上の海域を進み，日本のすぐ南の海面水温も27℃以上と平年より1℃から2℃高く，エネルギー源となる水蒸気を多く取り込んでいたことなども大雨を降らせた原因となった。

地球温暖化は，海面の温暖化ももたらす。つまり台風の被害がさらに拡大する可能性があり，**SDGs13**の重要性が実感される。

市役所などのホームページが参考になるかも

❓ 調べて話しあってみよう

「特別警報，警報，注意報」にはどんな種類があるのだろう。自分たちが住む地域で発表された例を調べ，それを教訓とした地域の対策・復興についても調べて，話しあってみよう。

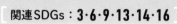

関連SDGs：3・6・9・13・14・16

暴風・集中豪雨と社会への影響

4 水害のとらえ方と訴訟

❶ 公害の責任を裁判で明らかに

20世紀後半は世界で環境汚染が広がり，日本でも高度経済成長期〔1955〜1973ごろ〕には，「公害」によって多くの住民が苦しんだ。この時の反省が，SDGsのゴールやターゲットにつながっている。

SDGs3.9「2030年までに，有害な化学物質や，大気・水・土壌の汚染が原因で起こる死亡や病気を大きく減らす。」

SDGs6.3「2030年までに，汚染を減らす，ゴミが捨てられないようにする，有害な化学物質が流れ込むことを最低限にする，処理しないまま流す排水を半分に減らす，世界中で水の安全な再利用を大きく増やすなどの取り組みによって，水質を改善する。」

SDGs14.1「2025年までに，海洋ごみや富栄養化など，特に陸上の人間の活動によるものを含め，あらゆる海の汚染を防ぎ，大きく減らす。」

公害問題の解決には，被害を受けた人々が起こした**公害訴訟**が大きな役割を果たした。裁判の過程で公害の原因が科学的な分析にもとづいて明確にされ，その責任者（加害者）と被害者とが明確にされたからだ。SDGs16「平和と公正をすべての人に」は，日本の場合，公害訴訟の展開をとらえることによっても理解ができるだろう。SDGs16.b「持

続可能な開発のために，差別のない法律や政策を進め，実施する」も重要なターゲットだ。「誰一人取り残さない」社会にするために必要な目標であり，これをクリアすることが持続可能な社会や環境をつくっていくことにつながっていく。

❷ 水害訴訟と災害の予見性

日本初の公害訴訟は新潟水俣病❶に関するものだったが，水害訴訟も新潟県が初だった。1967（昭和42）年8月26日から8月29日にかけて発生した集中豪雨によって，おもに山形県と新潟県下越地方を中心に被害が生じた「羽越水害❷」に関する訴訟で，「加治川訴訟」と呼ばれる。水害の可能性が考えられる状況を放置しておいた国や行政の責任が問われ，地方裁判所では住民側の勝訴だったが，最高裁判所では判決が異なった。

SDGs9では「産業と技術革新の基盤をつくろう」とされている。訴訟後，加治川本流に日本最大級の加治川治水ダム【写真1・2】が建設され，1974年に完成した。平常時は，ダムの内側は公園になっている。

水害の多い日本では，その後も水害訴訟が全国で起きた。当初は住民側の訴えが認められていたが，1984年の大阪府大東水害訴訟における最高裁判所の差し戻し判決から一転

❶阿賀野川流域に流された工業排水によって起きた健康被害。　❷水害による死者は104名に上り，激甚災害に指定された。

【写真1】加治川治水ダム（新発田市）

【写真2】加治川治水ダムの公園部分

する。「河川は従来氾濫や溢水をする可能性が高く，行政の対応が不十分としても，瑕疵（落ち度）にはならない」という判決が出たのだ。この判決は水害のとらえ方の大きな転換点となり，その後の水害訴訟は行政側によほどの落ち度が認められない限り，住民側が勝つことは難しくなった。

水害は災害につながる原因が自然現象であり，その「**予見の可能性**」が問われる。河川流域の破堤や溢水による被害を事前に予測できたかどうかを科学的に証明するのは，ほかの自然災害と同様に難しい。

③ 増える自然災害とこれからの訴訟

こうして水害訴訟は激減したが，近年は異なった局面を迎えている。2015（平成27）年

の鬼怒川氾濫で被害を受けた茨城県常総市の住民らが国に損害賠償を求めた訴訟で，地方裁判所は国の河川管理の落ち度を認めた。民間事業者に対する国の規制の問題点が指摘されたためだ。2018年の西日本豪雨でも，岡山県倉敷市真備町地区の住民らが岡山地方裁判所に「甚大な浸水被害が出たのは行政による河川管理が不十分だった」という訴えを起こした。自然災害による被害の増大が予想される中，司法はどのように対応していくのだろう。

SDGs13.1「気候に関する災害や自然災害が起きた時に，対応したり立ち直ったりできるような力を，すべての国でそなえる」が，ますます重要な課題になっていくことが感じられる。

❓ 調べてみよう

水害訴訟を起こした住民は，どのような水害対策の不備を感じて訴えたのだろう。報道などを調べてみよう。

解説

台風と気候変動

① 台風・ハリケーン・サイクロン

　SDGsでは気候変動が気象災害の拡大につながることを懸念し，その対策が大きな課題となっている。SDGs13.1「気候に関する災害や自然災害が起きたときに，対応した

り立ち直ったりできるような力を，すべての国でそなえる」，SDGs11.5「2030年までに，貧しい人々や，特に弱い立場にある人々を守ることを特に考えて，水害などの災害によって命を失う人や被害を受ける人の数を大きく減らす。世界の国内総生産（GDP）に対して災害が直接もたらす経済的な損害を大きく減らす」は，その課題が示されたものだ。

　日本では毎年，台風【写真1】による深刻な被害が出ているが，台風のような暴風が襲うのは日本だけではない。熱帯の海上で発生する低気圧は「熱帯低気圧」と呼ばれ，暴風となったものが世界各地に被害をもたらすが，地域によって異なる名称で呼ばれている【図1】。

　北大西洋，カリブ海，メキシコ湾および西経180度より東の北東太平洋に存在する熱帯低気圧のうち，最大風速が約33m以上になったものをハリケーンと呼ぶ。ベンガル湾やアラビア海などの北インド洋に存在する熱帯低気圧のうち，

【写真1】令和元年台風第19号の衛星画像（2019）
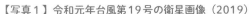

台風の大きさがよくわかります

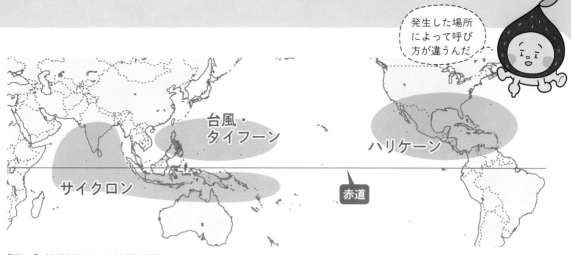

発生した場所によって呼び方が違うんだ

【図1】熱帯低気圧の地域別名称

最大風速が約17ｍ以上になったものを**サイクロン**という。

気象庁は台風を「熱帯低気圧のうち北西太平洋（赤道より北で東経180度より西の領域）または南シナ海に存在し，なおかつ低気圧域内の最大風速（10分間平均）がおよそ17ｍ（34ノット，風力8）以上のもの」と定義している。台風は**タイフーン**と英訳されることがあるが，最大風速がハリケーンと同じ33ｍ以上のものを指している。

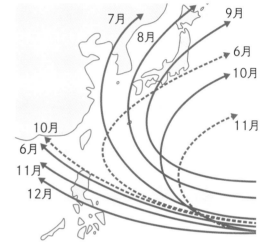

【図2】台風の月別進路

② 台風の命名

気象庁では毎年1月1日以降，もっとも早く発生した台風を第1号とし，**発生順に番号をつけている**。かつて台風は，アメリカによって英語名（人名）がつけられていたが，2000（平成12）年から，北西太平洋または南シナ海の領域で発生する台風には，共通の**アジア名**として固有の名前をつけることになっている。アジア各国・地域の文化尊重・連帯強化や相互理解推進に加えて，アジアの人々になじみのある呼び名をつけることによって防災意識を高めることを目的としたものだ。アジア名は140個用意されており，140番目まで使ったら1番目に戻る。日本からは星座名に由来する名前10個が提案された❶。

③ 台風の進路

台風は発生すると，成長しながら北上を続けるが，その進行方向は季節によって異なる。日本列島に上陸した場合は暴風や豪雨で大きな被害を与えるので，月ごとのコースの違いはおさえておきたい知識だ【図2】。

どの時期の台風も，最初は北西から北北西の方向に進むが，途中から大きく東側にカーブして日本列島に到達するのがわかる。発生

❶コイヌ（5番），ヤギ（19番），ウサギ（33番），カジキ（47番），コト（61番），クジラ（75番），コグマ（89番），コンパス（103番），トカゲ（117番），ヤマネコ（131番）。

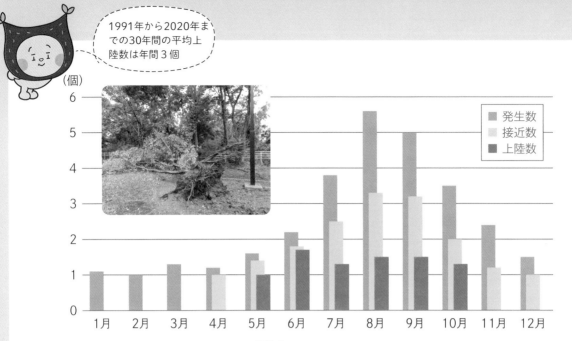

(個)

【図3】月別の台風発生・接近・上陸数の平均値

直後は東側からの**貿易風**によって西側に進み，その後，西側からの**偏西風**によって東側に流されるからだ。

　夏に発達する北太平洋高気圧（小笠原高気圧）も台風の進路と大きく関係する。台風はこの北太平洋高気圧の西側の縁にそって進む。北太平洋高気圧の勢力が大きいと日本に上陸せず，西の方を北上するコースをとる。

　そもそも台風はいつ，どのくらい発生しているのだろう。夏の終わりから秋にかけて発生するイメージをもつ人も多いと思うが，実は台風は1月にも発生し，年に数回は確実に日本列島へ上陸している【図3】。

④ 台風のメカニズム

　台風が発達するエネルギー源は，あたたかい海面から供給された**水蒸気が凝結する時に放出される熱**である。この熱によってあたためられた空気が上昇気流を強め，地上では中心気圧が下がり，中心に向かって吹き込む気流に地球の自転による力が働いて巨大な渦となる。

　台風の断面を模式図にした【図4】を見てみよう。台風は回転する巨大な空気の渦だ。下層では反時計回りに中心に向かって空気が吹き込みながら上昇し，上層では下層とは逆に時計回りに空気を噴出している。「**台風の目**」といわれる中心部では下降気流がみられ，雲がなく風雨も弱くなる。しかし，台風の目の周囲では，非常に発達した積乱雲が壁のように取り巻き，猛烈な暴風雨となる。

　台風は日本付近に接近すると上空に寒気が流れ込むようになり，次第に台風本来の性質を失って「**温帯低気圧**」に変わっていく。熱エネルギーの供給が少なくなり衰えて「**熱帯低気圧**」に変わることもある。上陸した台風が急速に衰えるのは，水蒸気の供給がなくなり，さらに陸地との摩擦によりエネルギーが失われるからだ。

　台風の発生・発達には大気の状態もかかわるので，地球温暖化によって海面水温が高く

❶災害に際して，国が地方公共団体や日本赤十字社その他の団体および国民の協力のもとに，応急的に必要な救助をおこない，被災者の保護と社会の秩序の保全を図ることを目的とする法律。

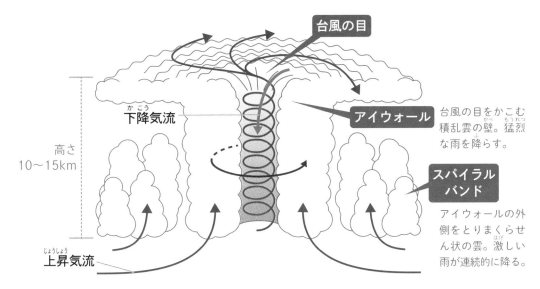

高さ
10〜15km

台風の目

アイウォール

台風の目をかこむ
積乱雲の壁。猛烈
な雨を降らす。

下降気流

スパイラル
バンド

アイウォールの外
側をとりまくらせ
ん状の雲。激しい
雨が連続的に降る。

上昇気流

【図4】台風の断面図

なることがそのまま台風の巨大化には結びつかない。とはいえ，海面水温が高くなると供給されるエネルギーが大きくなり，台風の巨大化が予想されているのも事実だ。まずは海面水温と台風の規模に関する実証的なデータの収集と検討が必要だろう。

⑤ 近年の甚大な台風被害

2018（令和元）年は台風による被害が大きかった年である。9月に「令和元年房総半島台風（ファクサイ）」が上陸，10月には「令和元年東日本台風（ハビギス）」が上陸して大きな被害が発生した。気象庁が災害名に「台風」という言葉を入れて命名したのは，実に43年ぶりのことだった（カタカナは台風のアジア名。（▶p.35））。

10月に入っても大規模な台風が発生した原因の1つは，エネルギー源となる海面温度が高かったことだ。さらに偏西風と北太平洋高気圧の影響で上陸までしている。通常，10月に発生した台風は日本の南で東に進路を変え，列島から遠ざかっていくことが多い【図2】（▶p.35）。しかし，台風第19号が発生した時期は偏西風が平年よりも北に偏り，北太平洋高気圧が日本周辺に張り出していたため，台風はゆっくりとその縁を回るように北上し，東日本に上陸するコースを進んでしまった。

10月12日15時30分には大雨特別警報が静岡県，神奈川県，東京都などの7都県で発表され，その後，茨城県や栃木県などに，最後には岩手県でも発表された（▶p.30）。これほど広範囲で特別警報が出されたのは初めてのことだった。災害救助法❶が適用された自治体は14都県390市区町村に達し，東日本大震災をこえて過去最大となった。

過去を知ると未来につながります

? 調べてみよう

自分の住む地域に大きな被害を与えた台風について調べてみよう。

土砂災害と SABO

多発する日本の土砂災害

① 土砂災害と人の営み

日本列島に住むということは災害と共生していくことでもある。土石流・地すべり・崖くずれなどの自然現象が災害となるのは、災害が起きた場所に人が住み、生活が営まれているからだ。第3章では**SDGs11「住み続けられるまちづくりを」**というゴールから、国内の土砂災害をとらえていく。

② 地震を原因とする土砂災害

地震が原因で起きた土砂災害の歴史を、50年ほどさかのぼって見ていこう。

1978（昭和53）年宮城県沖地震では、新たに開発された住宅地で、斜面崩壊などによる家屋倒壊が発生した。1995（平成7）年阪神淡路大震災では、死傷者の多さから都市部だけが被災したイメージがあるかもしれないが、丘

2階の高さまで草が生えてしまっています

【写真1】水没した旧山古志村の家屋と記念碑：中越地震10年後。浸水した高さまで草木が成長している。

❶地すべりなどによって大量の土砂が川に流れ込み、水の流れを止めること。

陵地や山間部の土砂災害も発生している。2004年中越地震では，新潟県旧山古志村（現長岡市）の中山間部は多くの土砂によって道路が寸断され，数多くの地区が孤立した。河川が堰き止められ，水没した地区も出てしまった【写真1】。2008年岩手・宮城内陸地震では，国内最大といわれる地すべりが発生し，土石流，斜面崩壊，崩壊土砂の河川の堰き止めによる被害が出ている。2016年熊本地震では，南阿蘇村立野の阿蘇大橋周辺で大規模崩落が起き，山麓では多数の土砂災害が発生した。それまで熊本県北部地域では，地震が大規模な土砂災害につながった例は少なく，大きな災害になった理由として，火山性堆積物でつくられた地質が関係していると考えられている。2018年北海道胆振東部地震における崩壊面積は中越地震よりも大きく，土砂災害としては明治時代以降最大の42名の犠牲者が生じた。日本では地震以外の原因による土砂災害も多い。豪雪地帯では春先に雪崩地すべりが起きやすい。大阪府の亀ノ瀬地すべり地帯（▶p.45）のように，基盤岩と比較的新しい火山岩との境界面が地すべりの原因となっているところもある。

③ 持続可能な社会と災害復興

ひとたび土砂災害が起きると，その場所に住むことが難しくなり，地域の人口減少につながる場合がある。中越地震後の旧山古志村では村を維持していくために，地すべり地形を利用した棚田での養鯉業など，新しい産業を生み出し，地域のブランドをつくり出し

【写真2】やまこし復興交流館おらたるの展示

た。災害とも関連する地形を利用したのだ。

こうした自然環境の活用は地域再生に不可欠である。中越地震の記録を後世に残す「中越メモリアル回廊」（【写真2】の施設も含まれている）の1つ妙見メモリアルパークでは，地震によるトンネル崩落現場を犠牲者への慰霊の場・災害の記憶を伝える場として整備した。土砂による河道閉塞❶によって水没した地域にも，かつてここに村があったことを示す記念碑が設置されている。

宮城県にある「栗駒山麓ジオパーク」も災害によって変わった景観を「恩恵」に変えた例だ。岩手・宮城内陸地震による土砂災害で生まれた景観を，自然のダイナミクスを感じられる観光地として整備した。防災教育の場としてもふさわしいジオパークは，**SDGs 4「質の高い教育をみんなに」**にもつながっている。

? 調べてみよう

自分が住んでいる地域では，土砂災害に備えてどんな呼びかけがされているだろうか。

看板がヒントになるかな

2 土砂災害の伝承

1 神話に登場する土砂災害

日本列島では有史以来，土砂災害が繰り返されてきた。そのため各地にさまざまな逸話が残っている。「古事記」「日本書紀」に登場する出雲の八岐大蛇は，土砂災害をモチーフとしたものと考えられており，その観点から物語を読み直してみてもおもしろい。

出雲の国，現在の島根県では，この八岐大蛇の伝説を次のように解釈している。「斐伊川の上流では，古来より山の真砂土を削りとり，それを水洗い（鉄穴流し）して砂鉄を採取し，炉に入れ，幾日も焚き続けてできた銑鉄❶のかたまりのごく一部の鋼で刀剣を造っていました。年を経るとともに燃料の木が枯渇し，

■須佐之男命の八岐大蛇退治

高天原を追放された須佐之男命は，出雲の国，斐伊川上流の鳥髪にやってきた。上流へ向かっていくと，1人の娘を囲んで泣いている老夫婦に出会う。泣いている理由を尋ねると，「わたしたちには8人の娘がいたのですが，八岐大蛇がやってきては毎年娘たちを1人ずつ食べていった。そして今年もまた八岐大蛇がやってくる時期がきたので，最後の娘である櫛名田比売も食い殺されてしまうかと思うと，悲しくて涙が止まらない」と答えた。

八岐大蛇とは「1つの胴体に8つの頭，8つの尾を持ち，目はホオズキのように真っ赤であり，体にはシダやヒノキ，スギが生え，8つの谷と8つの山にまたがるほど巨大で，その腹はいつも血が流れている」という怪物だった。須佐之男命は「櫛名田比売をわたしに献上するなら，八岐大蛇を退治してやろう。わたしの言う通りにすれば化け物は必ず退治できる」と言うと，櫛名田比売を爪櫛❷の姿に変え，自分の髪にさした。そして「何度も繰り返して醸造した強い酒をつくり，また垣根をつくり，その垣根に8つの入り口をつくり，入り口ごとに8つの仮の棚を置き，その棚ごとに酒を置いておくように」と指示をした。

八岐大蛇がやってくると，8つの入り口にそれぞれの頭を入れて酒を飲み始め，眠ってしまった。その隙に，須佐之男命は刀を振りかざして八岐大蛇を斬り刻み，無事退治した。八岐大蛇の尾を斬った時に刀が欠け，中から1本の剣が出てきた。この剣が草薙の剣❸であった。

❶鉄鉱石を還元して取り出した鉄のこと。純鉄の融点よりも低い融点で鉄を取り出すため，衝撃を与えると割れやすい。

❷歯の多い，目のつまった櫛。一説に，爪形の櫛。

❸三種の神器の1つ。別名，天叢雲剣。

❹白い雨が降るとぬける／尾先谷口宮の前／雨に風が加わると危い／長雨後谷の水が急に止ったらぬける／蛇ぬけの水は黒い／蛇ぬけの前にはきな臭い匂いがする

【写真1】悲しめる乙女の像 蛇ぬけの碑（南木曽町）

【写真2】平成じゃぬけの碑（南木曽町）

（人々は）削りやすい便利な場所を求め，（住まいを）転々と移り変えていたと想像されます。禿山と砂鉄採取後の残滓，大量の土砂が斐伊川の流れを真っ赤に染め，川を埋め，海に運ばれ，出雲平野をつくり，今は川を天井川にしています。」（島根県ホームページ）

　土石流の跡は，まるで大蛇が通ったように見えるため「蛇抜け」などと呼ばれる。八岐大蛇を土砂災害に置き換えると，その体を鉄の刀で斬り刻んだことは，鉄を精製できる高度な技術を用いた土砂対策のことだとも読める。また，見方を変えると，土地の劣化の阻止・回復を目指した**SDGs15「陸の豊かさも守ろう」**の原点といえるかもしれない。

② 土砂災害の記念碑・モニュメント

　「蛇抜け」の例はほかにもある。長野県南木曽町に「蛇抜橋」という橋がある。明治初期の村絵図には「蛇抜沢」という地名がはっきり示されている。蛇抜沢は木曽川左岸にそそぐ全長約1.5km，標高約500mの河川で，

両岸の斜面は急峻であり，所々に崖くずれが見られる。周辺の地質は中生代白亜紀の花こう岩などから構成されている。蛇抜沢および周囲の河川流域は，すべて**土砂災害警戒区域**（土石流）に指定されている。

　流域には，災害を忘れないための碑が建てられている。1953（昭和28）年の土石流災害で得られた教訓を後世に伝えることを願った「蛇ぬけの碑」【写真1】には，土石流の前兆を示す言葉が刻まれている[4]。2014（平成26）年に発生した土石流災害の後には「平成じゃぬけの碑」【写真2】が建立された。碑文の最後には「町は蘇った山も川も蘇った／ここに住み続ける私達も今こそ蘇る／この教訓を防災の礎とするため／本災害で発生した石で碑を残す」（原文のまま，下線は著者によるもの）と書かれている。

　土石流による大きな災害を経験してきた木曽地方の人々に，いかに「蛇抜け」という言葉がよく知られているかという証だろう。そして下線部分は，まさに**SDGs11「住み続けられるまちづくりを」**を願うものといえる。

「自然災害伝承碑」で検索してみよう

❓ 調べてまとめてみよう

地域には土石流や地すべりに関する数多くの伝説や言い伝えがあり，土砂災害に関する記念碑が設置されている。それらを調べて，どのような災害を教訓にしているのか，まとめてみよう。

砂防を日本から世界へ

土砂災害とSABO

① 砂防とSABO

日本語の「津波」がそのまま「TSUNAMI」として世界共通の言葉になっていることはよく知られているが、自然災害に関する日本語でもう1つ、そのままで世界に通じるものがある。**砂防＝SABO**だ。

国土交通省によると、①長年の災害経験から培ってきた世界に誇るべき技術がすぐれていること、②日本が海外の色々な国で砂防の技術指導をしていること、③砂防にあたる適当な言葉が外国語にはないこと、などをその理由としてあげている。**SDGs17「パートナーシップで目標を達成しよう」**の観点からも重要だ。

改めて「砂防」とは何だろう。専門家が集まる砂防学会による説明はこうだ。「我が国では雨や地震などにともない土石流、崖くずれ、地すべりが発生し多くの尊い人命や財産（家屋、田畑、公共施設など生活や社会的活動に必要なもの）が奪われています。このように土砂により引き起こされる災害のことを「土砂災害」と言いますが、**土砂災害を防止・軽減するための対策が「砂防」です**」。

日本列島の土地条件を考えると、「砂防」の必要性は過去に限ったことではない。現在においても国をあげての重要な課題となっている。その証拠に、内閣府には中央防災会議が設置され、重大な災害が発生するたびにそ

の専門領域ごとの会議が開催される。防災担当大臣のもと、土砂災害に関する会議も頻繁に開催されてきた。砂防三法❶と呼ばれる法律をもとにしたさまざまな土砂災害への対策も、各地でされている。

SDGs11「住み続けられるまちづくりを」のターゲットである**SDGs11.b**を見てみると、「2020年までに、誰も取り残さず、資源を効率的に使い、気候変動への対策や災害への備えを進める総合的な政策や計画をつくり、実施する都市やまちの数を大きく増やす。「仙台防災枠組2015-2030」（▶第1巻）に従って、あらゆるレベルで災害のリスクの管理について定め、実施する」とされている。

日本列島は地殻変動がいちじるしく、人々は活断層や降水の影響を受けながらも、上流から下流にいたるまで土地条件の悪いところに住まざるを得なかった。だからこそ、日本の砂防の歴史は長く、近代以前から続いているのだ。世界をみると、同じように土砂災害に悩まされている国は多い。SDGsの観点からも、「SABO」による日本のリーダーシップが期待されている。

② 「砂防の神様,砂防の父」赤木正雄

「赤城正雄」という人の名前を聞いたことはあるだろうか。日本の砂防技術を高めた1

❶最も古いものは「砂防法（明治30年3月30日法律第29号）」。「地すべり等防止法（昭和33年3月31日法律第30号）」「急傾斜地の崩壊による災害の防止に関する法律（昭和44年7月1日法律第57号）」が制定されている。

人として名高い技術者だ。赤木は1887（明治20）年3月24日，兵庫県城崎郡中筋村引野（現在の豊岡市引野）で生まれた。彼が一生を治水・砂防に捧げようと決めたきっかけは，1910年に第一高等学校（現在の東京大学）校長だった新渡戸稲造[1862-1933]❷の訓示を聞いたことによる。新渡戸校長は，日本が繰り返し大災害に見舞われている状態を説き，災害を防ぐための技術者の出ることを待望して，外国の技術者の例をあげた。「治水は決して華やかな仕事ではないが，人生表に立つばかりが最善ではない。諸君の内1人でも治水に命を捧げ，災害の防止に志すものはないか。」という言葉に感銘を受けた赤木は，技術者の道を進む決心をしたといわれている。上京中に東海道線が不通になって雨の中を歩いたことがあり，この被災経験も大きかったという。

赤木は官僚として内務省❸土木局に入り，全国の砂防事業を担当した。1925（大正14）年5月には常願寺川（富山県）での砂防事業をおこなう立山砂防工事事務所所長として，白岩砂防堰堤（堰堤とは河川に設置されるダムの一種）などの建設を担当した【写真1】。赤木は留学経験から，**山腹工事**（柵や壁を設置したり，草木を植えたりして土砂が流出しない安定した山肌に戻す工事）の重要性を説いた。また，砂防工法の統一した分類・考え方についてまとめ，省庁や府県に配布したり，京都帝国大学（現在の京都大学）や日本大学で砂防工学の講義をしたり，砂防技術者の育成にも努めた。

現在も兵庫県に赤木正雄の実家が残っており，一部を見学できる【写真2】。さらに詳しい赤木の功績は，彼が所長を務めた立山砂防工事事務所（現・立山砂防事務所）【写真3】に隣接する，富山県立立山カルデラ砂防博物館▷p.48でも紹介されている。

【写真1】白岩砂防堰堤：常願寺川につくられた堰堤の1つ。

【写真2】赤城正雄展示館入口（豊岡市）

【写真3】立山砂防事務所（立山町）

❷教育者・思想家。国際連盟の事務次長をつとめるなど外国語にも堪能で，海外に向けた日本人論として英文で書いた『武士道』という本をアメリカで出版している。1984年から1993年まで5000円札の肖像になっていた。

❸明治時代から終戦後の1947年まであった日本の行政機関。1873（明治6）年11月，大蔵省・司法省・工部省から事務の一部を移管するかたちで設置。所管事務は戸籍調査・産業勧奨・地方警備・土木・地理・駅逓・測量など広範囲におよび，官庁の中の官庁といわれた。

43

3 土砂災害とSABO

地すべりと人間活動

関連SDGs：2・6・9

すべり止めお守り

① 豊かな土壌と地すべりの関係

「誰一人取り残さない」SDGsのゴールに共通しているのは，生活基盤の確保についてだ。特に**SDGs2「飢餓をゼロに」，SDGs6「安全な水とトイレを世界中に」**に記されているように，水や農作物は人が生きていくために不可欠な要素なのは述べるまでもない。日本の状況を考えると，狭い国土にもかかわらず，豊富な水と農林業を支える豊かな土壌に恵まれているといえるだろう。しかし，実はこうした自然環境は自然災害につながりやすい。

日本列島は地殻変動がいちじるしく，山などの急峻な土地面積の割合が高い。さらに活断層が多く，**地盤は傷だらけ**といってもよい。そこに風化や侵食のほかに地下水の影響を受けているため，**地すべり**が発生しやすくなる。地下で起こっていることはわかりにくく，さらに地すべりの発生は天候には関係なく緩やかに大地が移動して起きるため予測がしにくい。まずは伝承や伝説から地すべりについて探ってみよう。

② 各地に残る地すべり伝説

地すべりは日本全国どこでも発生するわけ

ではなく，地域によって偏りがある。国内で地すべりが発生しやすい地域の１つに新潟県があげられる。新潟県で地すべりが生じやすい地盤は，新第三紀中新世の頃（約1500万年前），海底に堆積した砂・泥が固まって堆積岩となったものだ。この地盤には，水が加わると組織が壊れやすい粘土鉱物が含まれており，豪雨時には地層が崩壊しやすくなるという性質をもっている。

新潟県上越市には，むかしから地すべりが繰り返されてきた地域がある。春先に大規模な融雪地すべり❶が発生し，大きく報道されたこともある土地だからこそ，興味深い伝承が残されている。地すべりをおさえるため，旅の僧侶が人柱に自ら名乗り出たというものだ。その伝説が残る場所を調査したところ，地中から人骨が見つかったため伝説の信憑性が高まり，骨は「人柱供養堂」【写真1】を建立して祀られた❷。ちなみにお守りが販売されており，「すべり止め」にご利益があるとして，受験生に人気がある。

人骨は40〜50代の男性だったそうです

【写真1】人柱供養堂（上越市）

44

❶規模は長さ500m，幅150m，移動距離は約250mに達した。

❷1935（昭和12）年に地中から甕の中で座禅を組んだ状態の人骨が発見された。現在の供養堂は，1992（平成4）年に建て替えられたもの。

「日本の棚田百選」
に認定された地区は
134 もあるんだって

【写真2】星峠の棚田（新潟県十日町）

③ 地すべりが生む 景観と生活への影響

日本の代表的な里山の景観の1つに「棚田」【写真2】があげられる。この美しい風景は，実は地すべりによって形成されていることが多い。地すべりが繰り返し起こっているところは，中山間部でも斜面がなだらかになっており，その地形を生かして段状につくられた水田（棚田）からはおいしいコメがつくられる。

雪国の地すべり地域には，【写真3】のような景観も見られる。地面が下へ少しずつすべっているところに，木は太陽に向かって上へ伸び，さらに冬の雪の重さで幹がたわんで曲がった姿になるのだ。

地すべりが人間生活に影響を与える例は山間部とは限らない。大阪府柏原市には大阪と奈良を結ぶJR関西本線が通っているが，「亀の瀬地すべり」という地すべりが起きやすい地域を避けるため，川の対岸に線路が付け替えられたという経緯がある。

現在も亀の瀬では大規模な地すべり対策工事が実施されている。地すべりの歴史が学べる歴史資料室があるほか，「亀の瀬地すべり見学会」では，明治時代のトンネル跡などを見ることができる。**SDGs9「産業と技術革新の基盤をつくろう」**の観点からも興味深い。

【写真3】U字型に曲がった木

調べてみよう

地すべりなどの土砂災害が起きやすい場所には，地名に動物の名前がついているところが多い。「蛇抜沢」の「蛇」や「亀の背」の「亀」（▶p.41）などだ。自分が住む地域にもそうした地名がないか，地形的な特色とあわせて調べてみよう。

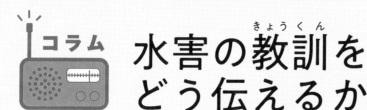

コラム 水害の教訓をどう伝えるか

1 教訓を残す意義

　自然災害の教訓を後世に残すことは常におこなわれてきた。石碑などの形にすることで，教訓をあとの時代やほかの地域に伝えていくことができる。時代が変わり方法が変わっても，その思いや目的は同じだ。

　SDGs4.7に「**2030年までに，教育を受けるすべての人が，持続可能な社会をつくっていくために必要な知識や技術を身につけられるようにする。そのために，たとえば，持続可能な社会を作るための教育や，持続可能な生活のしかた，人権や男女の平等，平和や暴力を使わないこと，世界市民としての意識，さまざまな文化があることなどを理解できる教育を進める**」とあるが，防災教育についても記録されてきた教訓を学ぶこともターゲットの1つになるだろう。

　水害が繰り返されてきた地域の取り組みを見ていこう。兵庫県を流れる円山川は，2004（平成16）年の台風第23号により多くの箇所で破堤や溢水が発生。下流の豊岡市全体では，浸水家屋7,944棟，浸水面積4,083haという甚大な被害を受けた。地域では過去の水害時に活用した「川舟」を保存したり，石碑を建てたりして教訓を残す努力をしている

【写真1（左上）】治水祈念の碑（豊岡市）【写真2（右）】赤木正雄展示館にある川舟（豊岡市）
【写真3（左下）】治水祈念館（福知山市）

【写真1・2】。【写真3】は京都府福知山市を流れる由良川の堤防すぐ近くにある治水記念館で，手前の柱に記録されている目盛りは何度も発生した水害ごとの水位を示している。この記念館は1880（明治13）年に建てられた民家を活用したものである。洪水時に天井裏に荷物を上げることができる滑車など，当時の水害対策の工夫がそのままの姿で残っている。

2 堤防を祀る神社

水害の教訓を伝える方法として，身近にある神社を活用した例も見られる。福知山市には明智光秀ゆかりの「御霊神社」があり，境内には洪水時の水位が記録された看板がある【写真4】。注目されるのは，さらに「堤防神社」が建立されていることだ【写真5】。光秀が建設した堤防（▶p.17）の恩恵に感謝し，水害のないまちを祈願するため1984（昭和59）年に設置された。「堤防がご神体となってい

る神社は全国でもみられない」と紹介されている。

3 官民それぞれの教訓の残し方

2015年9月，茨城県常総市で鬼怒川が氾濫する「常総水害」が発生した。災害関連死を含む15名が犠牲となった災害で，のちに気象庁が「関東・東北豪雨」と命名している。堤防が約200mにわたって決壊したことで市内3分の1が浸水し，家屋53棟が全壊，1,591棟が大規模半壊した。自治体は堤防を再構築し，石碑を建てて教訓を後世に伝えていこうとしている【写真6・7】。住民たちも被災体験を「記録誌」にまとめ，その後生じた県内のほかの地域の被災者に配ることで，生活再建の支援に貢献している。

いろんな形で
教訓が残され
ているんだね

【写真4（左上）】御霊神社境内にある水位の看板（福知山市）【写真5（左下）】堤防神社（福知山市）
【写真6（右上）】鬼怒川堤防決壊碑（常総市）【写真7（右下）】再建された堤防（常総市）

近代技術による河川との共生

常願寺川と技師たち

① 日本の河川は急勾配

　日本の河川の特徴は，水源である山などの高所から，比較的短い距離で海まで流れる**急勾配**になっていることだ【図1】。中でも富山県の**常願寺川**（ p.43）は，その傾斜の厳しさから，流域で繰り返し土砂災害が発生している。1858（安政5）年の飛越地震は跡津川活断層によって引き起こされ，富山の推定震度6，M7前後の大地震だった。この地震により，常願寺川上流の立山カルデラ内で「大鳶崩れ」と呼ばれる**山体崩壊**が発生し，支流である湯川や真川の川筋が塞がれ，上流には湖が形成された。その後，大規模な土石流が発生し，常願寺川は水源から扇状地にいたる全域にわたって，一大荒廃河川と化してしまった。

　その後も，1868（明治元）年から1912年の45年間に41回もの洪水を引き起こし，人家や農作物に甚大な被害をもたらした。現在でも立山カルデラ内には約2億㎥の土砂が残っており，常願寺川へ流出し続けている。

　SDGs 12.7には「国の政策や優先されることに従って，国や自治体がものやサービスを買うときには，それが持続可能な形でおこなわれるよう進める」と記されている。この常願寺川に対しては，国家的事業といっても過言ではない規模の取り組みが明治時代か

【写真1】富山県立山カルデラ砂防博物館（立山町）

日本の川って
ホントに
急なんですね

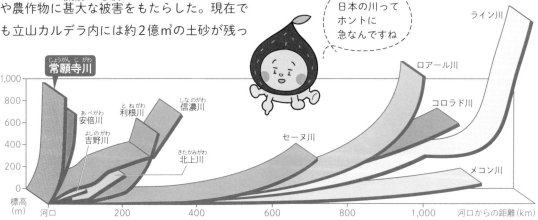

【図1】日本と世界の河川の勾配

---

❶ 1898（明治30）年ごろの物価と比べると，いまの物価は約3,800倍とされる。ただ，仕事も生活様式もまるで違う当時の1円と現在の1円では価値や重みも違う。明治30年ごろの小学校教諭や警察官の初任給が月8〜9円，ベテランの大工や技術者が月20円くらいだったことからすると，当時の庶民にとって1円は現在の2万円くらいの価値があると考えられる（朝日新聞社『続・値段の風俗史』など参照）。

関連SDGs：7・9・12

ヨハネス・デ・レーケ [1842-1913]

明治政府は日本の近代化を進めるため，さまざまな分野の専門家を海外から招いて雇用した。土木技術者は約120人で，そのうち治水と築港に関してはオランダから多くの技術者を招いたという。デ・レーケは1873(明治6)年9月に来日。警察官の初任給が4円の時代に，4等工師として月給300円で契約した❶。

らおこなわれてきた。これらは富山県立山カルデラ砂防博物館【写真1】のウェブページからも学ぶことができる。

② ヨハネス・デ・レーケ

　1891年7月，国内各地で水害が発生し，常願寺川流域も堤防決壊6,500m，水の流出は1,527haに達する被害が出た。当時の県知事は国に専門家の派遣を要請し，技術顧問としてオランダから招いたヨハネス・デ・レーケに白羽の矢が立った。デ・レーケが常願寺川を視察した際「これは川ではない，滝だ」と言ったとされる。常願寺川の急勾配がよくわかる逸話だろう。

　常願寺川治水計画の一部は，堤防を霞堤(▶p.17)にするものだった。洪水時には堤防の間に一時的に水を溜め，上流が決壊しても氾濫した水が元の川に戻れるようにする堤防だ。そのために常願寺川を河口近くまでまっすぐ海に向かって掘り，川の流れを速くするなどの工事をおこなった。費用は総額105万円（現在の貨幣価値に換算すると約200億円）で予算の3倍以上になったという。デ・レーケは1895年8月まで通算9回，270日余り富山県を訪れ，河川の改修計画を立て指導をおこなった。水資源の管理に取り組んだデ・レー

ケは，**SDGs12.2「2030年までに，天然資源を持続的に管理し，効率よく使えるようにする」**を実行した先駆者の1人といえる。

　常願寺川流域では，デ・レーケの河川改修以降も深刻な被害が繰り返し発生した。水害を防ぐには河川改修に加え「**砂防**」も必要になる。赤木正雄(▶p.43)は，常願寺川砂防工事の1つとして白岩砂防堰堤という工事に取り組んだ。赤木は約1か月かけて調査をおこない，常願寺川全般の砂防計画を立てている。**SDGs9「産業と技術革新の基盤をつくろう」**という目標に，この時代からすでに取り組んでいたことがわかる。

　長い年月と費用をかけておこなわれた工事の成果をSDGsの視点でとらえると，**SDGs7「エネルギーをみんなに　そしてクリーンに」**が当てはまる。常願寺川水系では，急勾配の地形と豊富な水量を活かした**水力発電**がおこなわれている。常願寺川第一発電所の発電量は最大出力11,700kW。一般家庭が1日に消費する電力（1世帯4人計算）が13.1kWhとされるので，約900軒の電気をまかなえる計算になる❷。富山県は黒部第四ダムなどの水力発電が有名だが，今後は常願寺川水系に加え，黒部川水系での小水力発電（出力1,000kW未満のもの）が期待されている。

---

❷総務省統計局が毎年おこなっている「家計調査（家計収支編）」の「世帯人員別1世帯当たり1か月間の収入と支出」によると，1世帯2人以上の1か月の電気代は約13,000円（2023年）。

伝統治水と近代治水

「輪中」が
いっぱい！

① 木曽三川と輪中

伊勢湾にそそぐ木曽三川（**長良川**，**木曽川**，**揖斐川**）の下流域は，有史以来の水害常襲地域だった。江戸時代初期の1609年には，木曽川の左岸にあった尾張国（現在の愛知県西部）を取り囲むように「御囲堤」と呼ばれる約50kmにもわたる大堤防が築かれた【図１】。「御囲堤」は，御三家の一つである尾張を洪水から守る役割だけでなく，西国諸藩への防御施設という軍事上の目的ももっていた。

一方，尾張の西側の美濃国（現在の岐阜県南部）では，河川が複雑な網状に広がっていたため堤防を築くことが難しく，頻繁に水害が発生していた。そこで，河川にそってではなく，集落を取り囲む「**輪中**」と呼ばれる堤防が築かれた。輪中がつくられた理由はこうした自然条件だけではなく，「御囲堤より西の地域は堤防を対岸より３尺（約１m）低くしなければならない」という制限があったことも大きい。尾張を守るという徳川幕府の意向であり，政治的な条件だった。幕府はこれ以外にも諸藩に対してさまざまな治水対策をおこなわせているので紹介しよう。

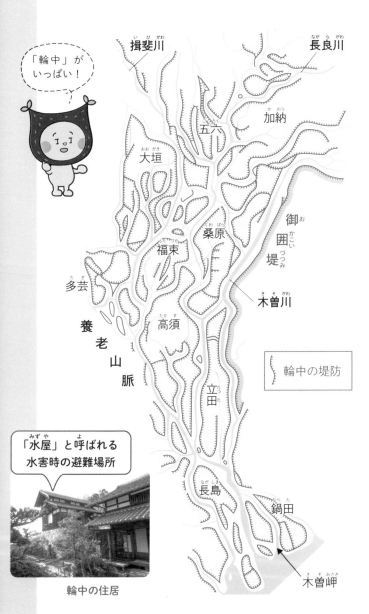

揖斐川
長良川
五六
加納
大垣
桑原
福束
御囲堤
多芸
木曽川
養老山脈
高須
立田
長島
鍋田
木曽岬

輪中の堤防

「**水屋**」と呼ばれる
水害時の避難場所

輪中の住居

【図１】明治改修以前の輪中分布図（現在の岐阜県南部から三重県北部）

❶過労や感染症で死者が続出し，幕府へ抗議の切腹をするものがあとを絶たなかった。工事の総指揮をとった薩摩藩家老の平田靱負は工事完了後に亡くなっている。自害したともいわれているが真偽は不明。

❷「差別的な法律，政策や習わしをなくし，適切な法律や政策，行動を進めることなどによって，人々が平等な機会（チャンス）をもてるようにし，人々が得る結果（たとえば所得など）についての格差を減らす」。

■治水に挑んだ人々

デ・レーケの功績は偉大だが，日本では古くから上流・下流を一体とした治水思想をもつ人が活躍していた。

熊沢蕃山 （くまざわばんざん）	[1619-1691] 江戸時代の陽明学者。岡山藩主池田光正に仕え，治水は山林の保護が前提という「林政思想」をといた。晩年は古河藩に仕えて蕃山堤という堤防を築いた。
河村瑞賢 （かわむらずいけん）	[1618-1699] 江戸時代の商人。明暦の大火後の復興に貢献し，新川の開削工事や淀川河口の治水事業を成功させたほか，西廻り・東廻りの海運航路の開発者としても名高い。写真は三重県の河村瑞賢公園にある銅像。

② 難工事が結んだ縁

　江戸中期に木曽三川の分流を目的とする「**宝暦治水**」と呼ばれる厳しい難工事がおこなわれた [1744〜1745]。江戸幕府は薩摩藩に工事を担当させ，費用はすべて藩の負担，大工などを雇うことを認めなかった。外様大名を恐れ，藩の弱体化を狙ったためとされる。薩摩藩は経済的な損失だけでなく，藩士51名が自害，33名が病死するなど貴重な人材を失い，大きな打撃を受けた[1]。不平等をなくそうという**SDGs10.3**[2]の観点からは，あり得ないことだった。

　揖斐川沿岸にあった村の庄屋・西田家はこの大工事の記録を残し，「薩摩藩の恩，忘るべからず」と子孫に伝えていた。1901（明治33）年に記念碑が[3]，1938（昭和13）年には治水神社（岐阜県海津市）が建立されている。

　この史実がきっかけで，岐阜県と鹿児島県は1971年7月27日に姉妹県盟約を結んだ。鹿児島県で発生した1993（平成5）年8月豪雨の際には，岐阜県から復旧支援の土木専門職員が派遣され支援にあたっている。宝暦治水における薩摩藩士への感謝の念が結んだ縁が，共助につながった一例だ。

③ 近代から現代へ

　宝暦治水後も，木曽三川での大きな水害は発生する。常願寺川の改修で紹介したお雇い外国人ヨハネス・デ・レーケ（▶p.49）はここでも活躍した。1879（明治12）年から3年かけて木曽三川を調査し，下流の治水には上流の治山が必要なことを報告した[4]。明治政府はこれにもとづき，1887年から1912（大正元年）年にかけて当時の国家予算の約12%を投じた河川改修工事をおこなった。現在の木曽三川はこの工事によって整備されたものである【写真1】。しかし，1959年の伊勢湾台風（▶p.28），1960年の相次ぐ台風による洪水，1961年にも梅雨前線と台風による洪水被害が生じた。1976年9月には，台風と停滞前線が重なった長期間の豪雨により，長良川の右岸が破堤した。流域の安八町や墨俣町はゼロメートル地帯（▶p.25）でもあったため3,000戸が水浸しになり，28万人が被災した。河川と共生するために治水に終わりはない。

【写真1】現在の木曽三川

---

[3] 除幕式には総理大臣山県有朋，薩摩藩出身の内務大臣西郷従道など政府高官が多く出席した。

[4]「木曽川ヨリ流出スル砂量ヲ減ズル事ニ着手スベシ。其ノ一ハ草木植付ノ事」。木曽川から流出する砂の量を減らすことに着手しなければならない，その一つが植林である，ということが報告されている。

4 近代技術による河川との共生

3 厳島神社と庭園砂防施設

世界遺産にもなっているよ

【写真1】厳島神社と大鳥居

① 日本三景「安芸の宮島」

　日本には国内外からの多くの人を引き付ける景勝地がある。その代表が「**日本三景**」だろう。江戸前期の儒学者である林鵞峰❶が著書❷で，松島（宮城県）・天橋立（京都府）・厳島（広島県）を「三処奇観」であると述べたことから，この3か所はその後日本を代表する景観として知られるようになった。鵞峰の誕生日である7月21日は「日本三景の日」になっている。

　この三景の1つである**厳島**（通称は**安芸の宮島**）は，瀬戸内海国立公園に位置している。

瀬戸内海の多島海の1つであり，**SDGs14「海の豊かさを守ろう」**の観点からも重要な意味をもつところだ。厳島神社をはじめ島全体が歴史的な魅力にあふれる史料の宝庫となっており，1996（平成8）年に**世界文化遺産**に登録された。厳島神社の歴史は古く，海水が満ち引きするこの場所に社殿が建てられたのは，推古天皇期[593]と伝えられる。その後1168（仁安3）年ごろに，平清盛が寝殿造の様式を取り入れた社殿に修造した❸。満潮時に海に浮かぶ大きな鳥居や，丹塗りの柱が美しい社殿の様子は訪れる人を魅了してやまない【写真1】。

❶1618-1680。号は春斎。父は林羅山。　❷『日本国事跡考』1643年。　❸その後も室町時代の足利尊氏や義満，戦国大名の大内氏や毛利氏など，多くの有力者たちがこの島を重視した。

【図1】厳島神社のある宮島周辺の海域

【写真2】紅葉谷川庭園砂防施設：近くにある老舗旅館「岩惣」でも，河床と建築物との調和が取れた設計がされた。

② 厳島神社の庭園砂防施設

　厳島を自然災害の視点から見ると，豊後水道と瀬戸内海の豊富な水量が前線にさえぎられて**線状降水帯**を形成したり，台風による豪雨が発生したりしやすい場所であることがわかる【図1】。厳島の基盤の岩石も，風化や侵食を受けやすい花こう岩のため，土砂災害を生じやすい。これは中国地方の特色で，広島県でたびたび土砂災害が起きてきたのもこのためだ（▶p.27）。

　厳島神社の社殿は，台風時に強風や高潮の影響を受けるだけでなく，神社の背後を流れる紅葉谷川の土石流災害の可能性も高い。枕崎台風[1945]（▶p.26）からの復興にあたっては，将来の土石流災害に備えた砂防機能を持つ河川改修の必要が指摘された。そこで，神社や周囲の景観との整合を考え，土石流によって堆積した巨石をたくみに利用しながら，砂防施設とはわからない**庭園砂防施設**が築かれた【写真2】。2020（令和2）年12月，紅葉谷川庭園砂防施設は戦後につくられた土木施設において全国初の「重要文化財」に指定されている。

　この施設によって神社の土石流被害は激減したが，暴風による被害は続いている。

1991年台風第19号による能舞台の倒壊。1999年台風第18号による社殿の被害。2004年台風第18号による左楽房の倒壊。2012年4月には暴風で大鳥居に被害が生じた。いずれも国宝や重要文化財に指定されている建造物だった。

③ SDGsと観光資源

　SDGs8.9「2030年までに，地方の文化や産品を広め，働く場所をつくりだす持続可能な観光業を，政策をつくり，実施していく」には，観光による経済的発展が示されている。日本三景に代表されるような景観は，当然貴重な観光資源だ。一方で，SDGs11「住み続けられるまちづくりを」のように，観光地の環境や住民に配慮する必要がある。

　さらに，SDGs11.4「世界の文化遺産や自然遺産を保護し，保っていくための努力を強化する」とあるように，開発と環境保護・保全との調和も無視できない。SDGs12.8❹やSDGs12.b❺のターゲットを参考にして，精神・物質の両面から発展を図ることが必要だ。

　防災と景観とのバランスを考えた取り組みは，今後，日本の観光資源の開発にとってますます必要となっていくだろう。

❹「2030年までに，人びとがあらゆる場所で，持続可能な開発や，自然と調和した暮らし方に関する情報と意識をもつようにする。」

❺「地域に仕事を生み出したり，地方の文化や特産品を広めるような持続可能な観光業に対して，持続可能な開発がもたらす影響をはかるための方法を考え，実行する。」

4
近代技術による河川との共生

河川環境と人間活動

① 「流域」の歴史

飲料水は人間だけでなく，あらゆる生命の維持に不可欠だ。**SDGs6「安全な水とトイレを世界中に」**とあるように，安全な水の確保は世界共通のゴールになっている。しかし，文明が発達すればするほど水の使用量は増え，水を求める人々によって川や湖の「**流域**」は拡大し，やがて争いにもつながっていく。水の管理はとても複雑なものなのだ。

日本における「流域」の歴史を振り返っていこう。旧石器時代から縄文時代は，湖沼・河川などの淡水域が人間活動の流域だった。漁業はもちろん，飲み水を求める動物の狩猟ができたこと，さらに石材などの道具の入手地として重要な位置を占めていたからだ。

弥生時代に入ると，稲作によって利水・治水の考え方が変わる。河川の状況は天候によって短期的に変化するため，水をいかに管理するかという観点が生まれた。しかしこの時代は簡単な河川改修の技術しかなく，豪雨などに対しては祈るしか術がなかった。

中世では土木技術が発達し，堤防を人工的につくり，水を堤防内に留めることが試みられるようになる。ただ，連続した堤防ではなく，氾濫してもよい場所ははじめから何も工事がおこなわれなかった。

近世になると，各地の沖積平野で人口が増加。より多くの食料確保と資産保全のため

に，権力者は治水を大規模に展開するようになる。**SDGs6.4「2030年までに，今よりもはるかに効率よく水を使えるようにし，淡水を持続可能な形で利用し，水不足で苦しむ人の数を大きく減らす」**と示されているターゲットは，日本ではすでに近世から取り組まれていたといえるだろう。

江戸時代では，堤防の構築や浚渫工事❶だけでなく，河川の分離・分流工事といった大規模な改修がおこなわれるようになる。関東平野における利根川の付け替え，木曽三川の宝暦治水（▶p.51），大阪平野東部（河内平野）の淀川・大和川の分離・分流工事などがその例だ。

明治時代維新後，お雇い外国人による技術指導によって，江戸時代に改修しきれなかった部分が大きく改善した。現代では，東京や大阪などの大都市で河川の水を海に流すための**放水路**が，地上だけでなく地下にも建設されるようになっている。このように，河川環境と人間活動のスパイラルな関係を，**SDGs9「産業と技術革新の基盤をつくろう」**の観点からみると興味深い。

② 河川をめぐるさまざまな課題

河川の流域で起きる水害は，豪雨によって川の水があふれたり堤防が壊れたりするだけ

---

❶港湾・河川・運河などの底を浚って（＝浚渫），土砂などを取り去る土木工事。

❷自然界にある「小さな生物をより大きく強い生物が食べる」という関係のこと。

❸人間活動が原因で都市の気温が周囲より高くなること。川の水温は気温より低いので，気温上昇を抑えることができるとされる。

ではない。地震による津波が河川をさかのぼることや（▶第1巻），火山噴火による噴出物が河川に流れ込んで起きる洪水（▶第2巻）など，さまざまなものがある。

さらに，人間活動によって流域に被害が出ることもある。日本では，1960年代から有害化学物質による公害があちこちで起きるようになった。そのうちの1つが「**新潟水俣病**」だ。工場排水がそのまま川や海に流され，排水に含まれたメチル水銀が食物連鎖❷によって魚などに凝縮され，それを食べた人々が感覚障害などの症状を発症した。**SDGs3.9「2030年までに，有害な化学物質や，大気・水・土壌の汚染が原因で起こる死亡や病気を大きく減らす」**を達成することの重要性がよくわかる事例だ。

③ 水に親しむ空間としての河川

60年代から70年代の訴訟を通して，水害から人々を守る重要性が認識されるようになった。その一方で，高い堤防やコンクリート張りの人工物による対策ばかりが進んだことで，特に都市部において「川」そのものの存在が危ぶまれるようになった。例えば大阪は，江戸時代には「八百八橋」といわれるくらい河川が多かったが，近代以降多くの川が埋め立てられてしまった。実は河川には，ヒートアイランド現象❸を解消する機能もあったが，この埋め立てによって大阪市内は国内でも気温の高い地域となってしまっている。**SDGs13「気候変動に具体的な対策を」**

プラス 日本で最初の親水公園 —東京都古川親水公園

江戸時代，古川（当時は船堀川）は蛇行しており運河として使うのが難しかったため，徳川家康の命により治水工事がおこなわれた。その後長らく運河として使われたが，時代とともに使われなくなり，排水で汚染されてしまった。1973（昭和48）年に日本で初めての親水公園として生まれ変わった。

自分の家の近くにも
親水公園がないか
探してみましょう

の視点からも河川についてとらえ直したい。

現在は，河川を水に親しむ空間としてとらえた治水工事がおこなわれるようになり，周辺住民が集う**親水公園**（▶コラム）が誕生した。治水と親水の融合である。親水公園は，消防用水や大規模災害時の生活用水・トイレ用水などの水源にもなっている。河川と人間とのかかわり，つながりはSDGsすべてのゴールから考えることができる。

？ 調べてみよう

自分が住んでいる地域の水害対策について調べてみよう。また，最近では，親水空間とあわせた河川改修もおこなわれている。具体的な取り組みについても調べてみよう。

広報誌なども
参考になりそう

コラム　スギ林は気象のアルバム

【写真1】千手杉

「4月下旬なのに寒そうです」

【写真2】大王杉

1 スギ林の魅力

　樹齢の古いスギ林は，土地の気象を反映した魅力的な姿を見せてくれる。新潟県**佐渡**にある新潟大学演習林のスギ林はその1つ。冬季の積雪が多いことや，林床植生❶の豊富さが特徴的な場所だ。【写真1】は千手観音にちなんだ「千手杉」。【写真2】は樹齢500年超といわれる古代杉の「大王杉」を中心とした，杉巨木群の一部を写したものである。撮影した季節は4月下旬だが，この時期になっても雪深いことがわかる。冬季の積雪は平均2〜3mにもなり，深いところでは5mをこえる。

　映画「もののけ姫」のモデルとなった鹿児島県**屋久島**の不思議な景観は，毎年直撃する台風がもたらしたものだ。倒木や土石流による転石と，温暖湿潤な気候で育ったコケ類によって訪れる人を魅了する風景ができあがった【写真3】。屋久島には有名な「縄文杉」以外にも，樹齢が1000年をこえるスギが多く見られる。【写真4】は「紀元杉」と呼ばれるスギで，なんと推定樹齢3000年である。島ではヒノキやヤクシマシャクナゲ，ナナカマドなど数多くの植物も育っている。

2 スギ林と土砂災害

　神秘的な魅力をもつスギ林だが，問題も存在する。スギやヒノキなどの**針葉樹**❷は根が浅く，横に広がる性質のため地中の奥深くま

❶森林の地表面に生育している植物の集合全体。
❷先がとがり細い葉をもち，幹はまっすぐ伸びている。
❸人の手により苗木の植栽，播種，挿し木などがおこなわれ，樹木の世代交代（造林）が達成されている林。育成林。

悠久の歴史を
感じるね

【写真3】屋久島の様子

【写真4】紀元杉

で木の根が入り込まず，豪雨の際などは斜面崩壊を起こしやすい。特に**人工林**❸の山は不安定だといわれる。葉は油分が多く，落葉しても**腐葉土**❹にならないので土壌の保水能力が低く，豪雨時は雨水がそのまま短時間で森を素通りして河川に流れこむ。つまりスギやヒノキの人工林の面積が大きくなると，河川に流入する水量が大きくなり，傾斜地の土砂災害だけでなく，河川の氾濫・溢水の可能性も高くなってしまうのだ。

　一方，カシやナラなどの**広葉樹**❺は根が地面に深く伸びていく性質があるため，豪雨が降っても簡単には斜面崩壊が起こりにくい。

落ち葉が堆積することで腐葉土がつくられ，土壌の保水力を高め，豪雨時も雨水を一時的に地表面に貯めることができる。

　植林による環境活動事例は多いが，豊かな自然景観と防災・減災のバランスをどうとっていくのか，持続可能な社会の構築を目指すSDGsの観点が必要になるだろう。

❹土壌をより良い状態へ改善してくれる改良用土・補助用土。
❺扁平な形の葉をもち，幹は太くて曲がり，枝分かれしている。

終章

タイムラインと ボランティア

自分でできる
ことから始め
てみようかな

① 気象情報を チェックしよう

気象予測である「**天気予報**」の精度は年々高くなっている。スマホなどから簡単に情報を得ることができるようにもなった。天候の急変に備えるためには，日ごろからこうした情報に敏感になっておくことが必要だ。注意報，警報，特別警報などの基本的な知識を把握しておけば，実際に発表されたときに慌てずにすむ。災害に備えるためには，**防災アプリ**をダウンロードして操作に慣れておくことも忘れないようにしたい。いざという時，情報機器を使い慣れている**中高生が情報収集**し，周囲の人々に情報を伝えることができる。

② マイ・タイムライン をつくろう

「**タイムライン**」という言葉を聞いたことはあるだろうか。災害時にどんなことが起きるかを想定して，「いつ，誰が，何をするか」ということを時系列で整理した「**防災行動計画**」のことだ。このタイムラインを個人レベルでつくってみるという取り組みがおこなわれるようになってきた。国土交通省が小中学生向けに用意した「逃げキッド」や，各都道府県による「マイ・タイムライン」というテンプレートがつくられているので，活用してみよう【写真1】。タイムライン作成に取り組んでいる学校もある【写真2・3】。

【写真1】しがマイ・タイムライン（滋賀県）

【写真2】作成中の様子

【写真3】作成ポイントの説明

❶日本の政府開発援助（ODA）を一元的におこなう独立行政法人国際協力機構の略称。

❷社会の防災力を高める活動をおこなう知識・技能などを修得した人に与えられる民間資格。

【写真4】災害ごみの片づけ

【写真5】子どものめんどうをみる

③ ボランティアについて考えよう

災害が自分の住む地域で起きた場合を考えてみよう。自宅はもちろん，隣近所や友人の家の中に土砂が流れこんだり浸水したりした場合，**片づけ**が大変で，人の手がいくらあっても足りない【写真4】。特に高齢者だけの家はなおさらだ。

こうした時に発揮される中高生の力には大きなものがある。片づけという物理的支援は，精神的にも被災者を支えることになるからだ。片づけの**ボランティア**活動に参加することや，ボランティアセンターに登録することから始めてもよい。どちらも必ず家族の了承を得てからおこなおう。

そのほか，1人暮らしの**高齢者**に声をかけたり，話を聞いたりするだけでもいい。避難所にいる**小さな子ども**のめんどうをみたり，勉強を教えたりいっしょに遊んだりすることも立派なボランティアになる【写真5】。

自分を気づかってくれる人がいるという事実が，被災者への大きな支援となるからだ。

④ 災害を「自分ごと」と考えよう

国内で毎年起きている自然災害だが，実際に被災した経験のある人は少ないだろう。災害時への備えとして重要なのは，知識や情報収集，訓練や備蓄だけではない。海外の災害に関心をもつことも大切だ。日本は**アジア防災センター**や**JICA❶**といった政府機関が，被災した国の政府と連携して支援をおこなっている。こうした機関について調べることは，自分の将来を考えるうえでも役立つはずだ。

「**防災士❷**」という資格を聞いたことはあるだろうか。防災士に年齢制限はないので，中学生以上であれば実質的な活動も可能になる。警察や消防だけでなく，人の命を守るための職業や資格が世の中には数多く存在することをぜひ知ってほしい。

実はSDGsの学びも同じだ。国際社会の一員として，どんな人がどんなことに困っているのかを知り，自分がどのような支援をおこなうことができるのかを考えることが，SDGsの達成にとって大きな一歩になる。

見直すことも
大切ですね

❓ 検討してみよう

ハザードマップはこれまで起きた災害の情報などから「災害が起きたら被害が出る可能性のある場所」を示したものだが，示された場所以外のところで災害が発生する可能性はないのだろうか。地形図や地質図などを使って，検討してみよう。

「SDGsで考える日本の災害」の最終巻は，風水害をテーマとして自然環境と人間活動を考えてきた。地球温暖化が人類のあらゆる生活の場に与える影響への懸念が大きくなる中，人々の気候変動への関心はますます高まっている。その重要性は，SDGs13「気候変動に具体的な対策を」として，17のゴールの1つとされ，ほかの多くのターゲットにも「気候変動」が記されていることからも理解できるだろう。

本巻であつかった風水害は，気象災害と土砂災害の側面からとらえた。気象災害としては，暴風，竜巻，豪雨，洪水，高潮，豪雪などを原因とするものがあり，土砂災害としては，崖くずれ，地すべり，土石流などを原因とするものがある。SDGsの実現には，これらについて具体的な対策を考えていく必要があるが，紙面の都合上，じゅうぶんあつかえなかった自然現象もある。特に雷については，読者のみなさんにとっても興味関心のあるところだと思うが，くわしく解説することができなかったのでここで少し補足したい。

屋外における部活動やスポーツ大会はもちろん，保健体育の授業中などで雷の音がすると，教師がすぐに活動を中止し，避難するよう指示された経験のある人は多いだろう。これは，かつてサッカーの試合中に雷が高校生を直撃した事故を受けての対応だ。登山中の多数の高校生が落雷によって命を落とした事故も起きている。今後の教訓とするためにも，野外活動中に気象条件によって中高生が被害にあった例を調べてもらいたい。

気候や気象は，一人ひとりの日常生活と関連している。日本列島では四季折々にさまざまな気象現象が生じ，それが日本の自然景観の美しさを生み出してきた。植生や生態系などの自然環境だけでなく，文化や伝統，芸術など，人間の精神面へ大きな影響を与えてきたものが気候や気象といえるだろう。人間生活の基本に地球環境があり，直接的・間接的に人間活動にもっとも関わっているのが，気候・気象なのだ。

例えば治水の項目では，時代ごとに最先端の技術によって，対策がなされてきたことを学んだ。特に近代の日本が，海外からの技術を技術者ごと取り入れてきたという歴史を踏まえると，現代の日本が開発途上国へ技術提供をおこなって大きな役割を果たしているということは大変感慨深い。将来海外での活躍や貢献を考えている読者が，本書を読んで技術者としての道もあるということを知ってくれたなら，うれしい。

読者のみなさんは，全3巻を通して，自然のダイナミクスだけでなく，日本列島に住む人々が自然とどう接してきたかについての理解も深まったのではないかと期待している。SDGsには17のゴールがあることの今日的な意義も見えてきたかもしれない。

自然環境の劇的な変化は、地球が誕生して以来繰り返されてきている。人間活動が自然界に与える影響については、地球の悠久の歴史から考えると必ずしも明確ではない。かといって、危機認識がありながら何も対応しないままでは、人類が環境の変化に気づいた時にはすでに手遅れということにもなりかねない。複雑な地球環境の中で、人類がこれからも持続可能な社会を築くためには、わずかな環境の変化についても最悪を想定し、思慮深い対応や行動をすることが求められるだろう。

　現代社会は科学技術が進み、社会体制も整い、人々の命を守るしくみは整ってきているといえる。しかし、いくら気象現象に関する災害予測が可能となったり、危険性が早めに発表されたりしたとしても、受け止める側の姿勢も進化しなければ意味がない。

　これからの時代は、「VUCA(ブーカ)」の時代といわれている。Volatility（変動性）・Uncertainty（不確実性）・Complexity（複雑性）・Ambiguity（曖昧性）の頭文字をとった言葉で、正解があるのかどうかわからなかったり、正解が1つとは限らなかったりする複雑な問題が多くなる時代を指している。同じ課題であっても、国や地域、さらには一人ひとりの答えが異なることもあるだろう。読者のみなさんが社会の中心となって活躍する未来は、こうしたよりいっそう予測困難の中で意思決定が求められる社会だと考えられる。

　そんな社会で求められる力を養う方法の一つに、防災、減災、復興などについての学びがあると考えられる。地球規模のスケールで考えれば、今後地球環境はどのようになっていくのか、国際社会もどう対応していくのか、不明なことも多い。まさに不確実で曖昧な、答えの出しにくい問題だ。この問いに対して、正しく自然現象を知ること、そして人間の生活に与える影響を理解することからスタートするという防災教育の姿勢が、VUCAの時代を生き抜く1つの指標になるだろう。さらにそれは、誰一人取り残さないSDGsの実現へとつながっていくはずだ。

　かつて「Think Globally, Act Locally.」という言葉が注目された。これからの時代も、国際的な視野をもったグローバルな人材の活躍が期待されるとともに、地域のことを深く知り、地域で活躍するローカルな人材も求められるはずだ。読者のみなさんには、両方の観点をもった「グローカル」な人材となって、活躍してくれることを期待している。

令和5年8月吉日

これからの持続可能な社会を
築いていくみなさんに

藤岡達也

[著者]

藤岡達也（ふじおか　たつや）

滋賀大学大学院教育学研究科教授。大阪府立大学大学院人間文化学研究科博士後期課程修了。博士（学術）。上越教育大学大学院学校教育学研究科教授などを経て現職。専門は防災・減災教育，科学教育，環境教育・ESDなど。主な著書は『絵でわかる日本列島の地震・噴火・異常気象』（講談社），『SDGsと防災教育』（大修館書店），『よくわかるSTEAM教育の基礎と実例』（編著，講談社）など多数。

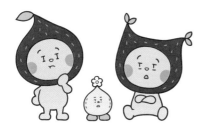

【図版出典】

p.5 図1：https://www.un.org/sustainabledevelopment/The content of this publication has not been approved by the United Nations and does not reflect the views of the United Nations or its officials or Member States ●p.9 写真1：ETH Library Zurich, Image Archive／Cynet Photo●p.10図2：全国地すべりがけ崩れ対策協議会●p.14写真1・図1：国土交通省北陸地方整備局信濃川河川事務所●p.15図2：全国積雪寒冷地帯振興協議会／図3：東京大学大気海洋研究所●p.16写真1：堤根神社／写真3：産経新聞社●p.17図1：国土交通省国土技術政策総合研究所●p.18写真1：ひなた工房●p.19図1：気象庁／図2：日本工業規格／図3：国土交通省四国地方整備局●p.20図1写真:Ryuji/PIXTA／図:気象庁●p.21図2：気象庁●p.22写真1：産経新聞社●p.23図4：気象庁●p.25写真1：神戸市／写真2：朝日新聞社/Cynet Photo●p.26図1写真：菊池俊吉／広島平和記念資料館●p.29図1：一般社団法人 中部地域づくり協会 地域づくり技術研究所「中部災害アーカイブス」●p.31写真1：朝日新聞社/Cynet Photo●p.34写真1：気象庁●p.36図3：気象庁●p.37図4：日本気象協会●p.40コラム：Skylight/PIXTA●p.43写真1：富山県教育委員会●p.45写真2：denkei/PIXTA●p.48図1：国土交通省●p.49写真1：建設省中部地方建設局木曽川下流工事事務所 編「デ・レーケとその業績」（1987）●p.50図1：独立行政法人水資源機構　長良川河口堰管理所●p.52写真1：イナリさん/PIXTA●p.53図1：国土交通省中国地方整備局港湾空港部●p.55写真：江戸川区

＊表記のない写真は著者撮影

SDGsで考える日本の災害③風水害

© FUJIOKA Tatsuya, 2023　　NDC374／63p／27cm

初版第1刷――2023年8月1日

著　者――――藤岡達也

発行者――――鈴木一行

発行所――――株式会社 大修館書店

〒113-8541 東京都文京区湯島2－1－1

電話03-3868-2651（販売部）

03-3868-2299（編集部）

振替11490-7-40504

[出版情報] https://www.taishukan.co.jp/

デザイン・レイアウト――mg-okada

キャラクターデザイン――あずきみみこ

図版制作――――明昌堂

印刷所――――広研印刷

製本所――――牧製本

ISBN978-4-469-26961-1　Printed in Japan